좋은 아버지로
산다는 것

KB191876

우리 시대의 아버지를 생각한다!

# 좋은 아버지로
# 산다는 것

김성은 지음

소울메이트

소울메이트 우리는 책이 독자를 위한 것임을 잊지 않는다.
우리는 독자의 꿈을 사랑하고,
그 꿈이 실현될 수 있는 도구를 세상에 내놓는다.

# 좋은 아버지로 산다는 것

**초판 1쇄 발행** 2015년 8월 10일 **| 지은이** 김성은
**펴낸곳** ㈜원앤원콘텐츠그룹 **| 펴낸이** 강현규 · 박종명 · 정영훈
**책임편집** 채지혜 **| 편집** 최윤정 · 김효주 · 길혜진 · 주효경 · 민가진 · 이은솔
**디자인** 최정아 · 홍경숙 **| 마케팅** 박성수 · 서은지 · 김서영
**등록번호** 제301-2006-001호 **| 등록일자** 2013년 5월 24일
**주소** 100-826 서울시 중구 다산로16길 25. 3층(신당동. 한흥빌딩) **| 전화** (02)2234-7117
**팩스** (02)2234-1086 **| 홈페이지** www.1n1books.com **| 이메일** khg0109@1n1books.com
**값** 14,000원 **| ISBN** 978-89-6060-565-7 03180

이 도서의 국립중앙도서관 출판시도서목록(CIP)은 e-CIP홈페이지(http://www.nl.go.kr/ecip)에서
이용하실 수 있습니다.(CIP제어번호 : CIP2015018786)

남성이 좋은 아버지가 되는 것은
진정한 남성이 되는 것이다.

• 버락 오바마(미국 대통령) •

# 좋은 아버지로 살아가려는
# 아버지들을 응원하며

 필자가 미국에서 한국으로 돌아온 후 우리 사회의 가족에 대해
가장 큰 변화를 느꼈던 영역 중의 하나는 '아버지 역할과 부성'이었
다. 미국에 거주할 때도 우리나라의 가족과 아버지들이 크게 변화
하고 있다는 것을 익히 알았지만, 한국에 정착하고 나서 아버지들
의 변화를 어디서든 쉽게 접할 수 있었고, 피부로도 느낄 수 있었다.
 지금은 '친구 같은 아버지'처럼 자녀와 친밀하고 자녀양육에 참
여하는 아버지가 대세다. 자녀와 가족을 경제적으로 부양하고, 자녀
들과 같이 시간을 보내고, 친구처럼 지내며, 자녀와 놀아주고 자녀
의 진로에 관여하는 등 아버지는 이제 '돌봄'과 '경제적 부양'을 모
두 하는 사람이 되어가고 있다. 물론 많은 아버지들이 경제적 부양

에 더 큰 책임감을 느끼고 돌봄보다 부양에 훨씬 더 큰 비중을 두고 있지만, 자녀 양육에 직접 관여하고 아이를 챙기는 것이 아버지를 좋은 아버지로 만드는 시대가 되었다.

하지만 필자는 남성들이 좋은 아버지가 어떤 아버지인지, 또 좋은 아버지로 살아가는 것이 무엇인지에 대해 모호해하는 것을 자주 접한다. 최선을 다했지만 아이가 엇나가기도 하고, 어떻게 하는 것이 아이에게 좋은 것인지, 현실에서 구체적으로 어떻게 양육을 해야 하는지, 잘하고 싶어도 직장과 경제적인 상황이 여의치 않기도 하고, 아내와의 의견대립이 심하기도 하다. 친구 같은 아버지, 자상한 아버지, 경제적 부양을 잘하는 아버지 등과 같은 다양한 아버지에 대한 담론이 있지만 현실에서 좋은 아버지로 살아간다는 것은 과연 어떤 것인지 손에 잘 잡히지 않는 것 같다.

필자는 본서에서 아버지들의 진솔한 삶의 이야기와 아버지와 부성에 대한 이론들과 연구된 내용들을 기초로 지금 시대에 좋은 아버지로 살아간다는 것은 어떤 것일까에 대해 풀어나가려 한다. 특히 우리는 친구 같은 아버지가 좋은 아버지로 여겨지는 시대를 살아가고 있다. 하지만 과연 이러한 아버지가 장기적인 관점에서 자녀의 성장발달에 유익한 것인지, 즉 아버지 역할에 대한 이해가 좀 더 깊어져야 한다고 생각한다. 아버지는 자녀에게 너무도 소중하고 중요한 존재이고, 아버지가 자녀에게 갖는 영향을 생각해보면 좋은 아버지는 친구 같은 아버지 그 이상이다. 그리고 필자는 좋은 아버지로 살아가는 것은 자녀와의 관계나 양육을 넘어 부부가 안정적인 관계를 맺고 가족과 사회가 아버지를 따스하게 응원하며 지지하는 과정이 수반될 때 좀더 가능하다는 것을 보여줄 것이다.

필자는 아버지들에게 좋은 아버지로 살아간다는 것이 어떤 것인지에 대해 질문을 던지고 있지만, 사실 아버지들이 자녀와 가족생활을 위해 고민하고 긴장하고 고군분투한다는 것 자체가 좋은 아버지로 살아가고자 하는 의지와 노력을 반영한다고 믿는다. 그런 의미에서 이 땅의 많은 아버지들은 이미 좋은 아버지로 살아가고 있다. 필자는 이 책을 읽는 아버지들에게 앞으로도 좋은 아버지로 살아갈 수 있도록 안내하려 한다. 그리고 이 과정에서 아버지들이 위로받고, 힘을 얻으며, 회복되고 배울 수 있기를 바란다.

본서가 출간되기까지 도움을 주셨던 분들께 이 자리를 통해 감사를 표하고 싶다. 먼저 필자에게 진솔하게 자신의 가족과 아버지 역할에 대해 이야기해 주었던 남성들에게 감사의 마음을 전한다. 그리고 필자를 아껴주시고 또 바쁘신 일정에도 기꺼이 추천사를 써주신 케이트 콘웨이터너 뉴욕주립대학교 버팔로 스테이트 총장님, 두란노 아버지학교의 김성묵 상임이사님, 박성덕 연리지가족부부연구소 소장님께 감사드린다. 마지막으로 존재만으로도 필자에게 큰 힘이 되고, 늘 아낌없이 사랑해주시며, 지금의 필자가 있게 해주신 아버지와 어머니께 깊이 감사드리며 이 책을 헌정한다.

2015년 여름
김성은

차례

**지은이의 말** 좋은 아버지로 살아가려는 아버지들을 응원하며  6

**프롤로그** 좋은 아버지로의 여정  14

# 아버지 양육: 그 깊은 의미와 중요성

**개요 ● 아이와 함께하며 아이의 삶으로**  25

아이에게 더 가까이: 변화하는 가족과 아버지의 역할 | 아이를 어떻게 대하고 키워야 하는가?

**아이와 안정적인 애착을 형성하는 아버지**  32

자녀와의 안정적인 애착이 중요하다 | 아빠와 아이의 애착 | 그렇다면 어떻게 해야 하는 것일까?

**아이의 행동을 잘 통제해주는 아버지**  45
자녀에 대한 부모의 행동 통제 | 부모의 행동 통제는 무엇을 의미하는가? | 어떻게 행동 통제를 할 것인가? | 아이를 키우는 것은 많은 인내를 요구한다

**아이의 자아존중감을 높여주는 아버지**  60
자아존중감의 중요성 | 아버지의 역할과 자녀의 자아존중감

**아이와 정서소통을 잘하는 아버지**  73
가족과 감정소통의 중요성 | 가족의 정서 분위기와 의사소통 | 감정에 대한 부모의 철학 | 자녀와 긍정적인 의사소통을 위한 아버지들의 노력

**역경을 잘 헤쳐 나가도록 키우는 아버지**  88
역경을 잘 통과하는 아이 | 과보호 문제, 어떻게 할 것인가?

2부

# 좋은 아빠로 사는 데 걸림돌 치우기

**개요 ● 가족, 갈등, 그리고 아이의 성장과 발달**  103
부부관계의 갈등 및 아버지의 역할 | 부성이 꼭 대물림되는 것은 아니다

**서로가 너무 소중해 싸우는 부부**  108
사랑하는 사람과의 애착과 정서적 연합 | 우리 부부는 얼마나 안전하게 연결되어 있는가? | 부부 간 정서적 단절과 유대감의 약화 | 우리는 부정적인 고리에 갇혀 있는가? | 나쁜 사람 찾기: '비난-비난'형 | 항의하기: '비난-위축'형 | 회피하기: '위축-위축'형

**아버지의 양육과 나의 아버지 역할** 135
과거 아버지의 양육과 현재 나의 아버지 역할 | 아버지에게 받은 아픔 해결하기

**아내와 더 협력해 가사와 양육 분담하기** 151
요즘 세대의 결혼 vs. 이전 세대의 결혼 | 협력적인 부모와 아버지의 양육 참여 |
협력적인 부모 역할은 구체적으로 무엇인가? | 아내의 문지기 역할 | 어떻게 가사
분담을 할 것인가?

3부

# 아빠를 응원하는 가족과 사회

**개요 ● 아이의 건전한 발달을 지원하는 가족과 사회** 171
공동의 노력이 절실히 필요하다

**안정적인 부부관계가 중요하다** 175
친밀감과 안정적인 유대 만들어 나가기 | 관계를 생기 있게 지속하기

**아빠의 건강을 챙기는 가족** 189
남성의 건강과 남성성 | 남성성이란 무엇인가? | 남성성과 남성의 건강 및 질병 |
남성의 직장 스트레스와 정신건강 | 가족의 따스함이 중요하다

**더 많이 함께하는 가족** 207

가족식사의 놀라운 마법 | 가족식사는 왜 신비로운 마법과 같은 것일까? | 가족식사 시간의 빈도와 질을 높이기 위한 노력

**아빠와 가족을 소중히 여기는 회사와 사회** 219

친가족 정책의 유용성 | 경제적 안정성과 아버지 역할

**에필로그** 좋은 아버지로의 여정을 마치며 230

주 234

『좋은 아버지로 산다는 것』 저자와의 인터뷰 262

------

# 좋은 아버지로의 여정[1]

"당신이야? 나야. 나 오늘 동창모임이 있어서 좀 늦을 것 같아. 희망이 데리고 먼저 자. 잠깐, 희망이 좀 바꿔 봐. 희망아, 아빠야. 어떡하지? 아빠가 오늘 늦게 들어가서 희망이랑 못 놀아주겠네. 엄마하고만 놀다가 자야겠어. 사랑해. 잘 자고. 안녕."

얼마 전에 있었던 동창모임이 무르익어 갈 때쯤, 필자는 연구원에 다니는 한 선배가 아내와 딸과 통화하는 것을 옆에서 듣게 되었다. 통화 내용만으로 선배의 가정사를 다 알 수는 없지만, 이 대화에서 필자는 이 시대의 다른 남성들에게도 흔히 볼 수 있는 아버지의 모습을 엿볼 수 있었다. 이 선배도 자녀에게 자상한 아버지이자 자녀양육에 노력을 기울이는 그런 남성이었다.

요즘 시대의 '남성답다.'라는 개념은 이전 세대와는 매우 다르다. 과거에는 사람들을 휘어잡거나, 권위적이거나, 아내와 자녀들을 잘 따르게 하거나, 혹은 아내를 잘 다루는 남성을 남자답다고 여겼다. 하지만 언젠가부터 경제적인 부양 능력이 있고, 아내에게 잘 하며, 자녀양육에 애쓰는 남편과 아버지가 이상적인 남성으로 떠오르기 시작했다.[2]

이러한 변화를 남성들은 환영하고, '새로운' 남성과 아버지가 되기 위해 노력한다. 동료들 혹은 아내와 함께 부부 및 자녀양육 교육에 참석하거나 매체를 통해 아버지의 역할을 배우려 한다. 특히 본인의 아버지와 친밀한 관계가 결핍되었거나 좋은 아버지의 롤모델role model이 없었던 남성들은 자신의 아버지와는 '다른' 아버지와 남편이 되기 위해 부단히 노력한다.[3]

그런데 이런 남성들의 노력은 세대를 막론하고 만만치 않은 것이 현실이다. 극심한 경쟁과 직장에서의 생존이라는 숨 막히는 현실과 가족 부양의 책임, 그리고 유교문화는 남성들의 새로운 아버지 역할 수행을 어렵게 만든다. 한국여성정책연구원의 보고서에 따르면,[4] 젊은 세대의 남성들은 경제적 불안, 일터에서의 과중한 스트레스, 긴 근로시간이 자녀들과 함께하는 데 걸림돌이 된다고 했다. 그리고 중년 세대의 남성들은 자신들의 가부장적 태도가 좋은 아버지가 되는 데 어려움을 준다고 언급했다. 또한 아직 남성을 위한 가족정책의 실행이 미비한 현실은 아버지들이 자녀를 돌보고 가족과 함께하는 것을 제한적으로 만든다. 이런 외적인 상황들은 남성들이 일과 가족의 양립으로 인한 갈등과 긴장을 경험하게 만든다.[5]

## 좋은 아버지에 대해 다시 생각하기

냉혹한 현실 속에서 좋은 아버지가 되기 위해 고군분투하는 남성들을 보면서, 가족과 부성을 연구하는 학자로서 필자는 아버지들에게 어떤 기여를 할 수 있을까를 자주 생각하곤 했다. 필자는 지금처럼 경제적으로 매우 불안정하고 힘든 시기에 가족부양과 자녀양육을 위해 애쓰는 아버지들에게 위로와 회복의 메시지를 주고 싶었다. 수많은 연구들과 이론 및 임상경험들이 보여주듯이 아버지의 양육행동 및 태도, 아버지와 자녀의 관계, 의사소통 등은 자녀의 행동과 발달에 강력한 영향을 미친다. 이는 아버지들은 자신을 통해 태어난 생명인 자녀들의 삶을 밝고 행복하게 할 수 있는 특권을 가진 존재임을 뜻한다.

이와 함께 필자는 삶의 도전 속에서도 양육에 열심인 남성들에게 좋은 아버지로 살아가는 것이 과연 무엇인가를 다시 한 번 생각해보는 기회를 주고 싶었다. 필자는 학문연구와 교육 및 다양한 삶의 경험들을 통해 좋은 아버지로 살아가는 것은 가족부양을 잘 하고 친구 같은 아버지가 되어 주는 것 이상의 크고 고귀한 과정이라는 사실을 알게 되었다. 좋은 아버지로 살아간다는 것은 양육 자체뿐 아니라 자녀들이 양육되는 토양인 부부와 가족관계도 함께 잘 가꿔 나가는 과정이다.[6] 예를 들어 아버지가 아무리 자녀양육을 잘 하려 고 해도 부부사이가 좋지 않고 불안정하면 아이는 엇나갈 수 있다. 남성들이 아내와 따스하게 가꿔나가는 부부와 가족관계는 아버지 양육이 진가를 바라게 한다.

우리나라뿐 아니라 부성연구가 약 40년 이상 축적된 서구에서 다양한 분야(가족학, 심리학, 신경과학, 사회학 등)의 학자들은 행복한 부부관계가 아버지 역할과 양육 참여에 결정적임을 피력해왔다.[7] 이러한 연구결과는 서구와 우리나라에서 속속 나타나고 있다. 어린 자녀를 둔 부모의 결혼생활의 질이 높을수록 어머니와 아버지는 자 녀에 대해 더 민감하게 반응하고, 자녀는 더 행복하다.[8] 서로에게 잘 적응한 부부나 연인들은 그렇지 않은 부부나 연인들보다 자녀를 더 잘 보살핀다.[9] 낮은 결혼 만족도는 아버지들이 어린 자녀와 안정적 인 애착을 형성하는 데 부정적인 영향을 미친다.[10] 또한 친밀한 부 부관계에 있는, 신생아 자녀를 둔 아버지들은 그렇지 않은 아버지 들에 비해 자녀에게 더 긍정적인 태도를 보이며, 아버지로서의 역 할도 긍정적으로 수행한다.[11]

이와 함께 부부갈등에 대한 연구들은 아버지의 역할과 부부관계 의 중요성을 한층 더 잘 보여준다. 부부갈등이 심한 아버지들은 자녀 양육을 더 어려워하고 이는 자녀와의 애착관계에 부정적인 영향을 미친다.[12] 우리 모두는 본능적으로 의미 있는 타인과의 관계에서 애착과 친밀함을 갈망하고,[13] 부부관계에서 위로와 사랑에 대한 더 많은 기대를 갖고 살아간다. 이런 욕구가 충족되지 않은 관계는 부부갈등을 낳고, 부부와 자녀 모두에게 좋지 않은 결과를 초래하게 된다.[14]

이와 함께 필자는 남성들이 좋은 아버지로 살아가는 데 가족과 회사 및 사회의 지지와 지원의 역할 또한 강조하고 싶다. 아버지 역할은 남성들이 처한 상황에 많은 영향을 받는다는 점은 남성들이 좋은 아버지로 살아가기 위해 가족, 직장 및 사회가 좀더 친 가족적으로 변화되어야 한다는 것을 보여준다. 예를 들어 가족은 아버지가 직장에서 어려움을 겪고 위기감이나 스트레스를 느낄 때 따스한 위로를 줌으로 아버지가 치열한 현실을 힘차게 나아갈 수 있게 한다. 또한 아버지들이 자녀와 좀더 많은 시간을 보내고 양육에 참여할 수 있도록 정부는 제도적으로 개발·시행하고, 회사에서는 친가족적인 조직문화를 만드는 것이 필요하다. 이렇듯 남성이 좋은 아버지로 살아간다는 것은 아버지 혼자만의 노력이 아닌 아내와 가족, 직장 및 사회와의 협력을 통해 더 좋은 과정과 결실을 맺을 수 있다.

# 아버지가 하는
# 양육의 중요성

학자들은 아버지의 양육 참여를 주로 3가지 영역으로 구분하고 정의해 연구하고 있다.[15] 아버지의 양육참여는 자녀와 일상적으로 상호작용하는 것engagement, 자녀가 필요할 때 곁에 있어 주는 것availability, 자녀를 경제적으로 부양하고 자녀와 관련된 결정을 내리는 것responsibility 등으로 정의된다.[16] 그리고 학자들은 자녀를 양육할 때는 민감하게 자녀에게 반응하고sensitivity & responsiveness, 정신적인 지지emotional support와 훈육discipline을 아이의 눈높이에 맞춰서 균형 있게 하는 것이 필수적이라고 주장한다.

물론 이 3가지 영역에서의 양육참여는 아버지가 처한 상황에 따라 달라지므로 양적인 수치로는 결코 나쁜 아버지나 좋은 아버지를 판단할 수 없다. 예를 들어 비정규직으로 교대근무를 하는 아버지들은 자녀들과 함께할 수 있는 시간이 턱없이 부족하고 자녀들을 뒷바라지할 수 있는 경제적인 자원이 불충분한데, 이들의 양육 참여를 양적으로만 본다면 양육참여는 낮게 나올 수밖에 없다.

중요한 것은 양육 참여의 양 자체보다는 양육의 질이다. 아버지들이 자녀와 함께하는 시간 자체가 적더라도 최선을 다해 자녀와 좋은 관계를 맺으려 하고, 자녀가 필요할 때 가능한 한 있어주며, 아내와 잘 협력해 자녀를 위한 결정을 내리고, 가족부양의 노력을 기울이는 것이다.

이러한 아버지의 사랑과 양육 참여는 자녀들에게 매우 긍정적인 결과를 가져다준다. 예를 들어 아버지의 자녀양육 참여와 자녀와의 친밀한 관계는 자녀들의 사회성을 길러준다.[17] 또한 아버지들의 자녀에 대한 적절한 충고와 지도는 어린 자녀들의 사회적 역량을 현격히 높여준다.[18] 무엇보다도 아버지들의 높은 양육참여도는 자녀들이 부정적이고 문제행동을 일으키는 것을 방지하는 효과가 있다.[19] 아버지가 아버지로서의 역할수행을 많이 한다고 응답한 자녀들은 긍정적 내적발달(자존감)과 외적발달(학교생활 적응)에서 높은 수준을 보였고, 부정적 내적발달(우울증)과 외적발달(문제행동)에서 낮은 수준을 보였다.[20]


# 이 책의 전반적인 개요

필자는 이 책에서 사회과학(가족학, 심리학, 사회학, 아동학, 여성학 등)과 의학·신경과학의 이론들과 연구결과 및 임상경험 등을 중심으로, 자녀가 현재뿐만 아니라 미래에도 건강하게 자랄 수 있도록 돕는 유익한 '아버지 양육'에 대해 소개할 것이다. 그리고 필자는 아버지들이 좋은 아버지로 살아가는 데 결정적인 영향을 미치는 부부 및 가족관계의 중요성에 대해 소개하고, 가족 관계를 잘 가꿔나갈수 있는 방법들을 풀어나갈 것이다. 나아가 남성들이 자라온 가정이 아버지 역할과 갖는 연관성, 아버지 역할에서 직장과 정책의 중요성에 대해서도 소개할 것이다.

필자는 이 과정에서 남성들이 아내와 자녀에게 무엇을 해야 하고 하지 말아야 하는지에 대한 구체적인 언급은 최소한으로 할 것이다. 이러한 내용들은 이미 출판된 좋은 아버지 관련 도서들[21]에 잘 소개되어 있다.

필자는 남성들이 자신의 존재가 자녀와 아내에게 매우 소중하고 특별하다는 것을 꼭 기억하길 바란다. 남성이 아내와 자녀에게 쏟는 사랑과 관심은 가족을 밝고 기쁘게 하는 동력이다. 하지만 필자는 아버지가 어머니보다 더 중요하다거나 남성들이 더 가정생활에 충실해야 한다고 압박하는 것은 아니다. 필자는 경제적인 능력으로 남성의 가치를 판단하는 차가운 현실 속에서 남성들이 자신의 존재에 대한 자부심을 갖고, 좋은 아버지와 남편으로 가는 여정을 한 발 한 발 내딛기 바라는 마음으로 이 책을 쓴다.

1부

# 아버지 양육:
# 그 깊은 의미와 중요성

**개요**

# 아이와 함께하며
# 아이의 삶으로

"토요일이나 일요일에는 혼자 있고 싶고, 동호회도 나가고 싶습니다. 주중에는 너무 바쁘고 힘드니까 주말에는 쉬고 싶고, 재충전을 위해 혼자 있고 싶은 마음이 많아요. 솔직히 싱글이 부러울 때도 있습니다. 그렇지만 주말에는 아이들과 함께 시간을 가지려고 해요. 힘들어도 아이들을 위해 주말을 보내려고요."

금융업에 종사하는 K씨는 아침 7시까지 출근해 야근이나 회식 등의 모임이 없으면 주로 저녁 6시쯤에 퇴근한다. 출근 시간이 이르다 보니 집에서 나올 때 아이들을 보지 못할 때가 대부분이고, 가끔 퇴근 후 하는 회식과 모임 때문에 아이들과 주중에 대화를 하는 시간을 갖는 것도 여의치가 않다. 집에서 회사까지 한 시간 반 정도 걸리다 보니 평균적으로 출퇴근 시간을 합쳐서 밖에 나가 있는 시간이 14시간 정도로 녹초가 되어서 들어올 때가 많다. K씨는 주말에는 혼자 있고 싶지만 전적으로 아이들을 위해서 함께 시간을 보내려 한다.

## 아이에게 더 가까이:
## 변화하는 가족과 아버지의 역할

1960년대에 근대화가 진행되기 전 역사적 시기에는 대부분의 가족들은 같은 공간이나 근접 공간에서 생활하면서 함께 의식주 해결을 위한 활동을 했다.[22] 가정은 곧 일터이자 생산과 재생산이 일어나는 기본 단위였다.[23] 이러한 구조에서 아버지와 어머니 및 자녀는 같은 공간에서 생산 노동과 집안일을 하면서 가까이 있었고, 아버지도 자녀의 삶에 더 많이 관여했다. 예를 들어 계층마다 차이는 있지만 조선시대에 어머니는 주로 양육을 담당했고, 아버지는 아들이 글공부하는 것을 관리·감독하는 일을 했으며,[24] 가정을 관리하는 책임도 가졌다.[25] 아이들은 집안일을 돕거나, 부모와 함께 논이나 밭 등에서 농사를 짓고 음식을 나르면서 한 공간에서 부모와 함께했고, 살아가는 데 필요한 기술들을 부모에게 배웠다. 특히 아이들이 어른들과 같은 공간에서 일을 하는 모습은 조선시대의 회화에서 잘 묘사되어 있는데, 아이들이 어른들과 주막이나 물가에 있거나, 배에서 고기를 잡는 것들이 한 예다.[26]

미국의 식민지 시대와 19세기에도 가족생활에서 이러한 모습이 나타났는데, 이 시기에 아버지는 자녀들에게 일하는 방법을 가르치고 전수했다. 또한 도덕적·지적·종교적인 교육과 훈련을 담당하는 역할을 하면서 자녀와 많은 시간을 보냈다. 미국의 이러한 가족생활의 모습은 19세기에도 찾아볼 수 있다.[27]

하지만 우리나라에서 한국전쟁 이후 근대화가 진행되면서 집과 일터는 엄격히 분리되기 시작했다. 일터는 집과는 떨어진 곳이 되었고, 가족이 '같이'하는 시간과 공간의 개념은 점점 사라지게 되었다. 남편은 일터에 나가 가족을 위해 경제적인 부양을 담당하는 사람이 되었고, 어머니는 자녀들을 돌보고 가족을 챙기는 사람이 되었다.

남성들을 집 밖으로 내몰고 가정과 일터를 분리한 근대에는 남성에게 경제력을 부여하면서 가족 내에서 권력을 갖게 해주었다. 그러나 이것은 남성들이 가족과 물리적·정서적으로 함께하지 못하게 되는 결과를 낳았다. 즉 아버지는 가족의 삶에서 점점 부재하게 되었고, 집에 돈을 벌어오는 사람이자 가족에게 힘을 행사하는 사람이 되어버린 것이다.

이러한 근대화가 남성의 삶에 가져온 변화는 1990년대 말 우리 사회에 불어닥친 IMF 외환위기를 거치면서 남성의 가족 내 역할, 지위, 정체성을 통째로 흔들고 재정립시켰다. 시시때때로 불어닥치는 기업의 구조조정, 남성들과 가족을 짓누르는 고용 불안정, 사회적 안정망의 취약, 여성취업의 증가 등은 이전 시대의 남성들과는 다른 남편과 아버지의 정체성을 창출했다. 이와 함께 서구에서 정서적으로 친밀한 가족상이 유입되면서, 남성들이 가족과 '함께'하는 것이 부각되기 시작했다.[28] 친구 같은 아버지, 좋은 아버지 되기 운동 등은 남성의 삶에 변혁을 예고했다.

여기서 우리가 주목해야 하는 점은 이런 변화가 남성과 아이들, 그리고 가족의 삶에 혁명적이라는 것이다. 일터와 가정의 분리는 여전히 존재하지만, 요즘의 아버지들이 자녀들과 좀더 많은 시간을 보내게 되면서 이전 세대의 아버지들과는 아주 다른 방식으로 아이에게 영향을 미치기 시작했다. 이전 세대의 아버지들이 자녀들에게 '부재不在'라는 형태로 자녀들의 삶에 영향을 미쳤다면, 최근 가정으로 '귀환'한 아버지들은 자녀와 정서적 · 공간적으로 더 많이 함께하면서 아이들의 삶에 다양한 방식으로 영향을 미치고 있다.

아버지가 자녀와 가족에게 미치는 다양한 영향은 서구와 우리나라에서 많은 연구를 통해 밝혀지고 있다. 1960년대부터 시작된 서구의 '아버지 연구'는 아버지가 어머니와는 다른 독특한 방식으로 자녀에게 미치는 영향을 밝히고 있다. 이와 함께 아버지가 자녀의 성장발달 및 현재와 미래의 행복에 미치는 영향도 밝혀지고 있다. 이러한 연구들은 아버지의 양육방법과 아버지와 자녀의 좋은 관계가 우리가 상상하는 것 이상으로 자녀의 인생을 바꿔놓는 어마어마한 중요성을 갖는다는 것을 보여준다.

## 아이를 어떻게 대하고
## 키워야 하는가?

현재 문화적으로 좋은 아버지상이 존재하고 아버지들은 자녀들의 삶에 전보다 더 많은 관심을 기울이고 있지만, 일상에서 아버지들이 자녀를 어떻게 대하고 키워야 하는가에 대해서는 아직 모호한 것 같다. 필자가 연구와 강의 및 상담 등을 통해 만나는 많은 아버지들은 자신이 친구 같은 좋은 아버지라고 생각하지만, 구체적으로 어떻게 아이를 양육하고 대해야 하는지에 대해서는 명확하지 않다고 했다. 이러한 현상은 우리나라에서뿐만 아니라 미국에서도 나타나는데, 이 현상을 발견한 미국 조지아주립대학교의 사회학자 랄프 라로사Ralph Larossa 교수는 이를 '문화적으로 바람직한 아버지상'과 '현실에서의 아버지 역할' 간의 괴리라고 말한다.[29]

여전히 어머니가 아이의 양육과 진로를 맡아서 하는 가정이 많다. 특히 아이가 사춘기에 들어서면서 아버지와 자녀의 상호작용이 매우 줄어드는 것을 볼 수 있다. 나아가 교육을 통해 성공하고 안정적인 삶을 추구하는 것이 매우 중요한 우리나라에서 학습을 위한 뒷바라지 외에 아버지가 청소년기의 자녀에게 해줄 수 있는 것은 제한적인 것처럼 보인다. 물론 아버지들은 아이와 함께 시간을 보내고 아이를 이해하고 교감하려는 시도들을 하지만, 아이가 커가면서 그 삶에 아버지는 미미한 존재처럼 느껴진다. 아버지는 아이에게 건강하고 행복한 삶을 주기 위해 어떻게 해야 하는 것일까?

2015년 1월 세상을 떠난 독일 뮌헨대학교의 세계적인 사회학자 울리히 벡Ulirich Beck 교수는 "후기 산업사회를 살아가는 우리는 교육받고, 직장에 다니며, 돈을 벌고, 고용 불안정의 압박 속에서 사랑을 하고 가족도 유지해야 하는 힘든 시대를 살아간다."라고 말했다.[30] 이러한 힘들고 차가운 현실을 살아가는 우리들은 사랑과 안식처로서 가족에 대한 높은 기대를 갖게 된다. 밖에서 지쳐 돌아왔을 때 내가 안식할 곳, 내가 기댈 남편, 아내, 부모…. 우리는 그런 따스함과 편안함을 갈망한다. 그리고 부모로서 살아가는 삶 앞에는 너무도 많은 도전이 놓여 있다. 특히 남성들이 좋은 아버지가 되는 데 기본 조건으로 여기는 '경제적 부양'도 IMF 이전 시대의 남성들에 비해 지금은 도달하기 어려운 큰 도전이 되었다.

이는 남성들이 현재와 미래에 좋은 아버지로 살아가는 데 엄청난 어려움이 놓여 있고, 이를 극복하기 위해 많은 노력과 희생이 요구됨을 의미한다. 하지만 필자는 남성들의 이러한 노력이 아이와 가

족을 생명력 있게 만들어주고, 나아가 사회를 밝게 하는 매우 고차
원적인 활동이라고 믿는다. 미국 부성운동의 최고 지도자 중 한 명
인 버락 오바마 대통령은 좋은 아버지가 된다는 것은 진정한 남성
이 되는 것이고, 나아가 남성들이 아버지 역할에 헌신하지 않을 때
미국 사회는 더 많은 문제와 도전에 직면할 것이라고 말했다. 그는
남성의 아버지 역할이 자녀, 가족 및 사회에 미치는 엄청난 영향을
강조하면서 남성이 좋은 아버지로 살아갈 것을 적극 권장하고 있
다.[31] 그러므로 남성의 아버지 역할은 가족과 사회를 위해 가볍게
여길 수도, 그렇게 여겨서도 안 되는 것이다.

남성들이여, 이제 남성의 최고의 사명인 아버지 역할을 이루어가
는 여정을 시작하자.

# 아이와 안정적인 애착을 형성하는 아버지

·

아빠와의 불안정한 애착은
아이에게 치명적일수 있다.

·

필자는 아버지와 가족을 연구하는 학자이다보니 아빠와
아이들이 함께 나오는 TV 프로그램에 관심이 많다. 2015년 1월에
종영한 MBC 예능 프로그램 〈아빠! 어디가?〉는 방송인 아빠들이
아이들과 함께 여행을 가는 과정과 여행지에서 아이들과 시간을 보
내는 것을 보여주었다. 아빠들은 여행 준비를 하고, 아이를 챙기고,
아이와 놀아주며 다른 아이들과 함께 좋은 시간을 가질 수 있도록
도와준다. 아빠들은 놀라울 정도로 아이들에게 집중하고, 아이들의
순간순간의 요구에 민감하고 따스하게 반응한다. 물론 방송이라는

설정상 실제의 삶이 그대로 반영되지 않을 수도 있지만, 필자는 아빠들이 아이들의 요구에 잘 반응하고 어떤 상황에도 세심하게 챙겨주는 것을 보면서, 아이들이 아빠는 필요할 때 내 곁에 있어주는 사람으로 인식할 것 같았다.

성인에게도 어떤 욕구가 있을 때 곁에서 잘 반응하고 챙겨주는 사람이 필요한 것처럼, 아이들에게 이러한 존재는 생존에 절대적이다. 아이가 똥을 싸서 울고 있는데 부모가 제때 기저귀를 갈아주지 않으면 아이는 부모를 부르기 위해 악을 쓰며 울고, 심리적으로는 불안감과 공포감을 느낀다. 하지만 부모가 제때 와서 기저귀를 갈아주고 사랑을 표현하면 아이는 다시 기쁨을 되찾는다. 그리고 이런 적절한 돌봄이 일상화되면 아이는 엄마나 아빠가 늘 자신을 챙겨준다는 믿음을 갖고 안정감을 느낀다.

하지만 아이가 원할 때 부모가 외면하거나 필요한 반응을 보이지 않고 이런 현상이 지속될 때 아이에게 해롭다는 것이 미국의 매사추세츠대학교의 석좌교수이자 하버드대학교 의과대학의 에드워드 트로닉Edward Tronick 교수의 '무표정 얼굴 실험still face experiment'에서 잘 나타난다.[32] 이 실험에서 아이는 유모차에 엄마와 마주하고 앉아서 주변을 탐색하면서 놀고 있다. 엄마는 아이가 무엇을 하려는지 주의를 기울이고, 아이의 감정을 살피면서 아이에게 잘 반응한다. 어느 시점에서 연구자가 사인을 보내면 엄마는 무반응을 보이고 무표정으로 아이를 쳐다본다. 아이는 엄마의 무표정을 바로 인지하고 엄마와 다시 상호작용을 하려고 한다. 엄마를 찔러보기도 하고, 엄마에게 웃음을 짓고 손을 뻗쳐보기도 한다. 하지만 엄마가 계속 무반응을 보이면, 아이는 악을 쓰고 울면서 엄마의 관심을 받으려고 한다. 아이의 이런 노력에도 엄마가 반응하지 않으면 아이는 노력을 포기하고, 공포에 질려 다시 울음보를 터트리면서 절망감을 표현한다. 연구자가 다시 사인을 주면 엄마는 아이에게 다가가서 웃고 반응한다. 그러면 아이는 평정심을 찾고 엄마와 즐겁게 상호작용한다. 하지만 엄마가 아이에게 지속적으로 무반응을 보이면, 아이는 몸을 가누지 못하고 결국 유모차에서 떨어진다. 그리고 무반응에 대한 스트레스로 아이의 심장박동은 급격히 증가한다.

## 자녀와의 안정적인 애착이 중요하다

부모들은 아이와의 끊임없는 상호작용을 통해 아이와 애착을 형성한다. 애착이론의 창시자인 영국의 심리학자 존 보울비John Bowlby에 의하면, 애착은 특별한 사람(애착대상, 대부분 부모)과의 지속적인 정서적 유대관계로서, 생애 초기의 애착대상과의 관계는 아이의 생각과 감정과 동기 및 이후 타인과의 관계에 결정적인 영향을 미친다. 만약 아이가 필요로 할 때 부모가 민감하게 반응하고 또한 새로운 것을 탐색하려 할 때 부모로 부터 잘한다는 지지를 받으면, 아이는 자아가치감이 발달하고, 미래에 서로를 아끼는 친밀한 연인이나 부부관계를 형성할 기초가 마련되며, 부모상이 형성된다.[33]

하지만 아이와 부모와의 단절되거나 파괴적인 관계는 아이에게 치명적인 결과를 낳을 수 있다. 보울비는 1946년에 '44명의 아동 절도범'이라는 논문을 발표했는데, 이 논문은 엄마와 자녀와의 관계를 다뤘지만 자녀와 부모 간의 관계가 자녀의 삶에 갖는 중요성을 잘 보여준다. 보울비는 부모나 대리부모와의 관계가 파괴된 아이들은 정서 및 사회성 발달에서 문제가 생기고, 소외되고 분노에 찬 인간으로 성장하게 된다는 것을 발견했다. 그리고 그는 2차 세계대전 이후에 고아가 된 유럽의 아이들을 대상으로 한 연구에서, 사랑하는 부모와의 분리는 아이들에게 정서적인 생명력을 빼앗아가고 정신 · 심리적 측면에 심각한 장애를 낳았다는 것을 발견했다.[34]

그런데 흥미로운 사실은 아이가 어렸을 때 아빠와 엄마가 애착을 형성하는 과정이 조금 다르다는 것이다.[35] 물론 기본적으로 아빠와 엄마는 아이를 잘 돌보고 이의 욕구에 잘 반응해 주는 과정을 통해 애착을 형성한다. 하지만 엄마는 주로 아이를 돌보는 과정에서 얼마나 민감하게 반응하며 챙기는가를 통해 아이와 정서적인 유대를 형성한다. 특히 엄마는 아이가 고통스러운 상황에 있을 때 위로와 편안함을 줌으로써 아이가 정서적인 안정감을 느낄 수 있도록 해준

아빠의 정서적 지지와 표현들은
자녀가 아빠와의 관계를 중요하게 여기도록 만들고,
아빠를 신뢰할 수 있게 한다.

다. 반면 아빠는 주로 어린 자녀와 놀이를 하는 과정에서 아이가 여러 가지 새로운 시도를 할 때 해보고 도전하게 하며 잘한다고 하고, 아이가 감정을 표현할 때 민감하게 반응함을 통해 애착을 형성한다. 특히 아빠는 곁에서 잘한다는 표현을 통해 아이가 정서적인 안정감을 느끼게 한다. 아빠의 이런 행동들은 아이가 지금 하는 놀이에 집중하게 하고, 호기심이 생길 때 도전하게 하며, 편안하게 새로운 기술들을 익히게 해준다. 이러한 아빠의 정서적 지지와 표현들은 자녀가 아빠와의 관계를 중요하게 여기도록 만들고, 아빠를 신뢰할 수 있게 한다.[36]

## 아빠와 아이의
## 애착

어렸을 때 아이와 아빠와의 애착이 아이의 정서 및 사회성 발달에 영향을 미친다는 것은 널리 알려져 있다. 아빠와 아이 사이에 안정적인 애착이 형성될수록 아이는 자신의 정서를 더 잘 조절하고 비행이나 문제행동은 덜 보인다.[37] 이러한 아빠와 아이와의 애착은 아이의 사회화가 시작되는 학령기에 더욱 중요하다. 하지만 애착은 아이의 연령이 증가하면서도 아이의 성장발달에 지속적인 영향을 미친다. 중학생과 아버지와의 애착에 대한 연구[38]에서 아버지와 자녀사이에 안정적인 애착이 형성될수록 중학생 자녀들은 자신의 감정을 명확하게 이해하고 자신이 능력이 있는 사람이라고 인식하는 것으로 나타났다. 이렇게 자신을 능력 있는 사람으로 보는 것은 스트레스 상황에서 분노를 심하게 표출하거나 억압하지 않고 자신의 감정을 잘 조절해 표현하게 해준다.

최근 진행되어온 애착유형과 리더십에 대한 연구는 부모가 아이와 형성하는 관계의 중요성을 한층 더 잘 보여준다. 지도자가 되기 위해서는 실력과 능력이 중요하지만, 인정받고 존경받는 지도자가 되는 것은 이와 무관하다는 것이다. 이스라엘의 헤르츨리야대학교 Interdisciplinary Center Herzliya의 마리오 미쿨린서Mario Mikulincer 교수는 이스라엘 군대를 대상으로 애착과 리더십의 연관성에 관한 연구를 통해 어렸을 때의 애착이 미래에 인정받는 지도자가 되는 데 미치는 영향을 규명했다.[39] 이 연구에서 미쿨린서 교수는 이스라엘 군인들이 4개월 동안 집중훈련을 받으러 가기 직전에 젊은 군인들의 애착유형을 조사했다. 그리고 이들이 4개월 후 훈련을 마쳤을 때, 누가 지도자가 되어야 하는가에 대해 군인들에게 질문했다. 지도자 후보로 지명된 사람들은 어렸을 적 부모와 안정적인 애착관계를 형성한 사람들이었다. 이러한 결과는 부모와의 안정적인 애착이 아이들이 성장해 인정받고 존경받는 지도자가 되는 것과 연관되어 있다는 것을 알려준다.

하지만 우리는 아버지들이 너무나도 바쁜 일상으로 늘 자녀의 요구에 민감하게 반응하고 친밀한 관계를 형성하는 것이 쉽지 않다. 아버지들은 아이에 대해 엄마를 통해서 듣거나, 또는 이혼이나 별거를 한 경우 아이와의 관계가 원만하지 못하고 상호작용이 매우 제한적일 수 있다. 아이의 요구에 모두 반응하는 것은 사실상 불가능하게 보인다. 한 연구에 의하면, 사실 행복한 관계의 부모와 자녀도 서로에게 보내는 신호의 70%를 놓치고 있다고 한다. 필요한 것이 있을 때 아이가 보내는 신호를 인식하지 못할 때가 많고, 아이에게 집중하지 못할 때도 있으며, 의도치 않게 아이의 요구를 무시하게 될 때도 있는 것이다.[40]

중요한 것은 아버지-자녀 간에 안정적인 애착관계가 형성되어 있으면, 아버지가 자녀에게 반응을 잘 못하는 순간이 와도 정서적 단절 등의 문제로 발전되지 않는다는 점이다. 하지만 그렇지 않은 아버지-자녀 간에 이런 순간이 반복되면 자녀는 아버지를 의지할 수 없는 사람 혹은 내가 필요할 때 없는 사람으로 인식하게 된다.


## 그렇다면 어떻게
## 해야 하는 것일까?

기억해야 할 것은 짧은 시간이라도 꼭 하루에 한 번 아이에게 사랑한다고 표현을 하거나 대화하고, 엄마에게 아이의 이야기를 듣는 노력이 필요하다. 애착이론과 생태이론은 규칙적으로 반복되는 일상에서 상호작용의 중요성을 강조한다.[41] 다시 말해 아빠들이 매우 바쁘다 보니 주말에 주로 시간을 보내는 비율이 높은데, 아이와의 관계의 핵심은 일상에서 하는 것이다. 미국의 일리노이대학교의 사회학자인 조셉 플렉Joseph Pleck 교수는 자녀가 아버지와 좀더 자주, 그리고 질적으로 좋은 관계를 맺는 것의 중요성을 강조한다.[42] 아이들이 아버지와 좀더 규칙적으로 세심하게 상호작용할 때 성장발달은 더 촉진되기 때문이다.

만약 아버지가 항상 늦게 들어오고 일 때문에 며칠씩 집에 들어오지 못해 아이와 규칙적으로 대화를 나누지 못하거나 아이의 감정이나 마음 상태를 알기 힘들다면, 아이와 시간을 정해서 영상통화를 하는 것도 좋은 방법이다. 아이에게 아빠가 늘 아이를 생각하고 있고, 아이에게 관심이 있으며, 사랑한다는 것을 보여줌으로써 아빠가 아이 편에 있다는 점을 상기시켜주는 것이다. 그리고 신체적인 접촉은 아이와의 관계가 가까워지는 아주 좋은 수단이다. 아이가 힘들어할 때 손을 잡아주거나 안아주고, 평소에도 어깨를 두드려 주면서 나는 너를 믿는다는 뜻의 동작을 취하는 것은 아이에게 큰 위로가 된다.

필자가 연구를 위해서 만났던 한 아버지는 건축일을 했었는데, 밤 12시에 집에 들어오는 것이 일상이었다. 주말에도 직장에 나가야 하기 때문에 일요일에 겨우 교회를 같이 다니면서 가족과 시간

아이가 힘들어 할 때 손을 잡아주거나 안아주고,
평소에도 어깨를 두드려주면서 나는 너를 믿는다는 동작을
취하는 것은 아이에게 큰 위로가 된다.

을 보낸다고 했다. 이 남성은 집에 늦게 들어와서 비록 아이와 놀고 대화를 할 수는 없지만, 자고 있는 초등학생인 딸의 방에 들어가 아이에게 뽀뽀해주며 아이가 깨지 않도록 아이를 만져주고 사랑한다는 표현을 한다고 했다. 이 아버지는 일에 할애하는 시간에 비해 버는 돈이 너무 적고, 가족과 시간을 보낼 수 직종으로 바꾸는 것에 대한 고민을 하고 있었지만, 자신이 처한 환경에서 최선을 다해 아이와 관계를 맺고 사랑을 표현하려는 노력을 하고 있었다. 여건상 도저히 아이와 함께하는 시간을 낼 수 없다면 이것도 하나의 방법이 될 수 있다.

그런데 아이가 사춘기가 되면 부모와 대화를 하려고 하지 않는다. 여자아이의 경우 신경질적이 되거나, 남자아이의 경우 아예 말을 하지 않을 때가 많다. 이런 경우에도 아버지는 지속적으로 아이에게 다가가야 하는 것일까? 우리가 오해하고 있는 것 중의 하나는 아이들이 사춘기가 되면 부모보다도 친구를 중요하게 여기고 게임이나 친구 등에 더 의지한다고 생각하는 것이다. 그런데 아이들이 밖으로 드러내는 행동을 보면 그런 것 같지만, 그 내면에는 정말로 의지할 수 있고 사랑받기를 원하는 마음이 깊게 자리 잡고 있다.

우리나라에서 청소년 자살의 주된 원인이 부모와의 갈등이나 가정불화라는 사실은 아이들의 삶에서 가족과 부모의 역할이 이 시기에 얼마나 중요한가를 보여준다. 그리고 청소년들의 행복에 가장 크게 영향을 미치는 요인이 '부모자녀 관계'의 만족도라는 사실은 아버지와 어머니가 관계를 잘 일궈나가는 것이 얼마나 중요한가를 보여준다.[43] 특히 이 시기는 아이에게 '너는 소중한 존재이며, 너를 사랑한다.'라는 것을 어떤 방식으로든 느낄 수 있도록 표현해주어야 한다. 사춘기의 아이들은 아빠가 자신을 얼마나 사랑하는지, 얼마나 신경을 쓰는지 말로 하지 않아도 알고 있다. 아이가 대답하지 않더라도 문자 메시지나 SNS 등을 통해 아이를 생각하고 있다는 것을 표현해야 한다. 그리고 아이가 정말 말을 듣지 않아서 화가 나 아이를 크게 혼내더라도 시간이 좀 지나면 "내가 화를 내긴 했지만, 나는 너를 사랑한다."라는 말을 꼭 하고 껴안아주어야 아이에게 부모의 마음을 표현할 수 있다.

# 나는 어떤 아버지인가?

1 — 직장에서의 일로 늦게 들어가는 날이 많은데, 나는 아이와 교감하고 소통하기 위해 어떤 노력을 하는가?

2 — 아이가 사랑스럽거나 자랑스러운 이유 10가지를 편지로 써서 아이에게 건네보자.

3 — 나는 아이에게 어떤 사람으로 인식되고 있는가? 아이는 아빠로서 나를 안전하고 신뢰할 수 있는 사람으로 생각하는가? 아이가 나를 무서워해서 다가올 수 없는 존재로 여긴다면 나는 어떻게 해야 할 것인가?

4 — 아이가 어렸을 때 아이와 친밀한 관계를 형성하지 못했다면, 나는 지금 아이와 친밀한 관계를 만들기 위해 어떤 시도를 할 것인가?

# 아이의 행동을 잘 통제해주는 아버지

.

아버지의 자녀에 대한 적절한 행동통제는
자녀가 문제행동을 일으킬 가능성을 감소시킨다.

.

필자는 어렸을 때 다소 내성적인 아이였다. 그래서 친구들과 심하게 싸우거나 말썽을 피운 적이 별로 없었고, 모범생답게 행동해서 부모님이 특별히 혼내실 일이 없었다. 그렇다고 필자가 진짜 모범생이었는지는 잘 모르겠지만, 규율을 어기지 않고 무난하게 살았던 아이인 것은 확실하다 반면 필자의 동생은 매우 달랐다. 성격과 기질도 정반대였고, 아버지에게 혼나고도 금방 털어내는 털 털하고 활달한 아이였다. 동생이 운동하고 친구들과 노는 것을 너무 좋아하다보니 아버지께서는 동생에게 공부를 시키기 위해서 이

런 저런 행동의 제약을 많이 하셨다. 만화방에 가 있는 동생을 데려
온 적도 많았고, 필자가 동네 아이들과 운동하는 곳에 가서 저녁 먹
으라고 동생을 데리고 온 일도 많았다. 하지만 동생이 운동에 자질
이 있어 뛰어난 운동선수가 되면서 부모님은 동생이 어렸을 때 가
했던 행동의 제약을 점점 줄이셨다.

필자는 대학에 들어가 가족에 대해 공부하면서부터 아버지가 자
식들의 행동을 통제하고 목표를 향해서 갈 수 있도록 도와주셨던
것에 대해 많은 생각을 했다. 그리고 미국에서 박사과정을 마치는
동안 모성과 부모의 역할에 관해 본격적으로 연구하기 시작하면서
이 영역에 대해 더 많은 관심을 갖게 되었다. 부모가 자식을 적당하
게 혼낸다는 것이 어느 정도인지, 얼마만큼 부모가 자녀의 행동을
풀어주고 통제해야 하는지, 통제는 왜 하는 것인지, 아이에게 어떻
게 훈육을 해야 하는 것인지, 통제를 심하게 하면 아이에게 어떤 결
과가 오는지 등에 대해서 필자는 알고 싶었다.


## 자녀에 대한 부모의
## 행동 통제

부모 역할을 연구하는 학자들은 앞 장에서 설명한
부모의 지지와 친밀한 관계, 이제 논의할 자녀의 통제parental control

부모가 아이를 잘 지지하고 적절한 행동 통제를 할수록 아이들의 자신감과
스스로를 통제하는 능력은 높아지고 가족은 더 조화롭게 된다.
그리고 아이의 문제행동은 줄어들게 된다.

를 짝으로 심도 깊게 연구해왔다.[44] 특히 1940년대에 미국의 알프레드 볼드윈Alfred Baldwin 박사가 이론적 기초를 마련하고, 1960년대에 노스캐롤라이나대학교의 심리학자 얼 쉐퍼Earl Schaefer 교수가 이 영역을 발전시킨 이후 전 세계의 수많은 학자들이 활발히 연구를 진행하고 있다. 이렇게 방대하게 축적된 연구들은 자녀의 건전한 발달에 있어, 이 두 차원의 부모 역할이 갖는 중요성을 입증한다. 즉 부모가 아이들을 정서적으로 지지하고 친밀한 관계를 맺는 것만큼 아이들이 해야 할 행동과 하지 말아야 할 행동에 대해 통제하는 것이 아이의 성장발달에 핵심임을 보여주고 있다. 특히 자녀에 대한 부모의 행동 통제 연구는 전 연령층의 자녀들을 대상으로 이루어져 왔지만, 독립성과 자율성을 추구하는 청소년기의 자녀들을 대상으로 좀더 많은 연구들이 진행되어 왔다.

일반적으로 부모가 아이를 잘 지지하고 적절한 행동 통제를 할수록 아이들의 자신감과 스스로를 통제하는 능력은 높아지고, 가족은 더 조화로워진다. 또한 아이의 문제행동은 덜 나타나게 된다.[45] 하지만 부모가 아이의 행동을 제때 통제하지 않는다면 아이의 성장에 심각한 문제를 초래할 수 있다. 미국 테네시대학교의 가족학자인 브라이언 바버Brian Barber 교수는 연구를 통해 자녀에 대한 부모의 불충분한 행동 통제가 청소년 자녀의 공격성·충동성·비행성과 연관이 있다는 것을 밝혀냈다. 특히 부모가 청소년 자녀의 행동을 규제하지 않으면 아이는 자신의 행동을 스스로 통제할 수 있는 능력을 갖지 못하게 되고, 나아가 학교에서 다른 아이들로부터 쉽게 영향을 받을 가능성이 높아진다. 반면 부모가 심하게 통제를 할 경우, 청소년들은 부모와의 관계 만족도가 떨어지고, 의사소통의 어려움을 호소한다.[46] 또한 부모가 아닌 또래와의 관계에 더 몰입하게 되는 경향이 있으며,[47] 비행청소년 집단과 어울릴 수도 있다.[48]

## 부모의 행동 통제는 무엇을 의미하는가?

자녀의 행동을 통제한다는 것은 구체적으로 무엇을 의미하는가? 흔히 행동 통제를 훈육이라고 생각하는데, 이보다는 더 큰 개념으로 자녀를 잘 살피고 행동을 확인하는 과정을 통해 적절하게 행동할 수 있도록 하는 것이 행동 통제다.[49] 그런데 학자들은 이러한 행동 통제가 부모가 자녀에게 '무엇을 해야 한다, 혹은 하지 말아야 한다.'라고 하는 특정 상황에서의 행동 지침이라기보다는 다음과 같은 일련의 활동을 포함하는 과정이라고 말한다.[50]

첫째, 부모의 행동 통제는 자녀에 대한 지식parental knowledge, 즉 부모가 자녀에게 일어나고 있는 일이나 활동을 얼마나 알고 있는가를 내포한다. 아이가 지금 무엇을 하는지, 학교에서 무슨 일이 있었는지, 방과 후에 또는 집에 와서 무엇을 하는지 등 자녀에 대해 관심을 갖는 것을 말한다.

그런데 부모가 자녀와 자녀 주변에서 일어나는 일을 알기 위해서는 부모가 자녀를 관찰하고 자녀의 일상을 물어보는 것과 함께 자녀도 부모에게 비밀이 없어야 가능하다.[51] 즉 부모의 노력도 필요하지만 자녀가 말해주지 않을 경우 부모가 자녀에 대해 아는 것이 제한적이게 된다. 이는 부모가 자녀의 행동을 통제하는 것과 더불어 부모와 자녀 간의 관계가 중요하다는 것을 시사한다. 부모와 자녀의 사이가 좋지 않거나, 자녀가 부모에게 사랑받는다는 느낌을 받지 못한다면 아이는 부모에게 학교에서나 친구들과 무슨 일이 있었는지 말하지 않을 것이다.

중학교 3학년인 딸을 키우는 S씨는, 사춘기가 되면서 아주 다른 사람이 되어버린 딸아이를 알아가는 것이 큰 과제가 되었다. 무슨 말을 해도 하루가 멀게 변덕스럽게 반응하고, 자신의 재능이 피아노 연주자인 것 같다면서 음악회에 가겠다고 떼를 쓰며, 학교 가기 전에 밥도 거른 채 화장하느라 시간을 다 보내고, 방과 후에는 화장품을 산다고 이 가게 저 가게를 누비는 딸에게 관심을 갖고 무슨 일이 벌어지는지 알아내는 것이 지금 S씨가 하는 중요한 아버지 역할이 되었다. 그런데 딸에게 일어나는 일들을 알고 싶어도 딸이 말을 잘 해주지 않아 답답할 때가 많다.

둘째, 아이에 대한 지식은 부모가 아이에게 적합하고 기대가 가능한 행동 규율을 정할 수 있도록 해준다.

혼히 행동 통제를 훈육이라고 생각하는데,
이보다는 더 큰 개념으로 자녀를 잘 살피고 행동을 확인하는 과정을 통해
적절하게 행동을 할 수 있도록 하는 것이 행동 통제다.

S씨는 딸아이가 음악을 하고 싶어하는데, 과연 아이가 그 힘겨운 과정을 이겨낼 수 있는지 의문이다. 물론 아이는 피아노를 칠 때 가장 기쁘고 행복해한다. 하지만 스스로 규칙적인 생활을 잘하는 아이도 아니고, 집중력이 뛰어난 편도 아니다. 피아노에 대한 열정은 아주 높아서 친구들과 공연도 자주 보러가지만, 그 외에는 자기 마음대로 행동을 하다보니 S씨는 매일 도를 닦는 기분이다. 얼마 전에도 공연을 보러 갔는데, 밤 11시면 집에 올 시간인데 아무리 전화를 하고 메시지를 남겨도 자정이 될 때까지 아무 연락이 없었다. 나중에 알고 보니 공연장 앞에서 마을버스가 끊긴지도 모른 채 계속 기다렸다는 것이다. S씨는 그 길로 아내와 차를 몰고 딸아이를 데리러 갔고, 걱정되는 마음에 다음에는 이런 일이 없도록 하라며 화를 냈다. 그런데 오히려 딸아이는 혼났다는 사실에 차를 타고 오는 내내 입을 다물고 전혀 말을 하지 않았다. S씨는 다음부터는 같이 가는 친구들과 부모들의 전화번호를 딸에게 받기로 약속했다. 그리고 음악회에 갈 때는 엄마나 아빠가 꼭 같이 가거나 낮에 열리는 공연을 가기로 했다.

셋째, 규율을 만들었으면 아이가 그것을 잘 지키는지, 아이들이 어려워하는 것은 없는지 평가하고 감독하는 과정이 필요하다.

S씨는 딸이 음악을 전공하겠다는 것을 인정하고 지원하는 대신, 먼저 딸아이의 행동과 생활을 좀더 규칙적으로 만들었다. S씨는 아내와 함께 딸이 규칙적으로 생활하기, 친구들과 어울리는 시간을

줄이기, 피아노 학원에 시간 맞춰서 가기, 아빠에게 화가 난다고 피아노를 세게 치지 않기 등을 잘 지키고 있는지 늘 점검하고 있다. 또한 피아노에 대한 아이의 열정과 관심을 지속시키기 위해 유명 음악가의 동영상을 찾아주기도 한다.

넷째, 부모는 행동 통제를 효과적으로 하기 위한 방법을 고안하는데 주로 칭찬과 격려, 체벌 등을 사용한다.

S씨는 자신이 세운 규율을 잘 지키면 아이에게 격려나 칭찬을 한다. 하지만 칭찬을 하는 경우보다 규율을 더 잘 지키라고 잔소리를 하는 경우가 더 많다. 그래서 때로는 자책감이 들기도 한다.


# 어떻게 행동 통제를
# 할 것인가?


자식에 대한 부모의 행동 통제는 어떻게, 얼마만큼 하는지가 핵심이다. 부모들은 행동 통제가 자녀와의 관계라는 틀에서 이루어진다는 것을 기억해야 한다. 즉 아이가 어렸을 때는 부모의 말을 잘 듣지만, 아이와의 관계가 가깝지 않거나 좋지 않을 경우 부모의 행동 통제에 대해 아이는 민감하게 반응하지 않는다. 아이에게 부모의 행동 통제가 정말로 자신을 위하는 것임을 알게 해야 하는데, 사실 청소년이 자식을 향한 부모의 마음을 다 아는 것은 거의 불가능하다. 하지만 편지, 문자 등의 다양한 방법을 통해서 아이에게 마음을 표현하려고 노력한다면 행동 통제는 한결 수월해질 것이다. 아버지들은 다음의 내용들을 고려해볼 수 있다.

부모의 좋은 행동규제를 위한 첫 번째 조건은 시간을 들여야 한다는 것이다.[52] 아이가 어떤 친구와 사귀는지, 어떻게 공부를 하는지, 그리고 문제가 생기면 회피하는지, 도망가는지, 정면으로 맞서는지 등 아이에 대해 잘 알기 위해서는 시간을 할애해야 한다. 아버지들이 너무 바빠서 아이에 대한 구체적인 것을 잘 모른다면, 아내에게 꼭 이야기를 들어야 한다.

부모는 아이의 행동을 통제하는 과정에서 강압적이거나 혹독해서는 안 된다. 특히 부모가 자녀와 관계가 좋지 않거나 아이가 부모에 대해 불만이 많을 경우 강압적인 행동 통제를 금해야 된다. 사실 부모가 아이를 심하게 야단치거나, 부정적인 표현을 자주 하거나, 아이에게 위협을 하는 등의 혹독한 행동 통제는 대부분 부모의 부정적인 감정이 실린 경우가 많다. 이럴 경우 아이는 부모의 행동규제보다 부모로부터 상처를 받게 되어 관계는 더 멀어지고, 훈육은 공허한 울림이 된다. 심할 경우 부모의 강압적인 행동 통제가 아이의 문제행동을 낳는 악순환이 반복되면서 아이는 부모와 멀어지고 건강하게 자라는 것이 어려워진다.

특히 아이들을 불안하게 하거나 자존감을 위협하는 방식은 사용하지 말아야 한다. 예를 들어 "말을 안 들으면 경찰을 부르거나 구치소에 가게 할 거야."라는 표현은 금물이다. 혹은 아이가 말을 듣지 않았다가 마음이 풀린 이후에 부모에게 다가왔는데도 말을 하지 않거나 아이를 다가오지 못하게 하는 일이 반복된다면, 아이가 내면에 형성하는 인간에 대한 안전감은 치명적이게 될 것이다.[53] 행동 통제에서 중요한 것은 아이가 힘든 상황을 겪고 있을 때는 아이를 무조건 보듬어주고, 아이가 잘되고 있으면 좀더 엄격하게 통제하는 것이다.

그런데 부모도 인간인지라 의도하지 않게 아이를 심하게 혼내고 체벌하는 경우가 생긴다. 부모는 혹시라도 자신이 너무 감정적이 되거나 심하게 화를 냈다고 생각하는 경우, 꼭 아이에게 미안하다고 사과해야 한다. 당장 아이는 혼이 난다고 생각하지만 이런 부모의 겸손한 행동이 쌓이면 부모가 자신을 깊이 사랑하고 아낀다는 것을 깨닫는다. 나아가 실수를 통해서 서로 이해하고 용납하는 것을 배우게 된다. 실수를 덮거나 그냥 지나가는 것은 아이에게 오히려 정직하지 않은 것을 가르치는 일이다.[54] 그러므로 왜 화를 내게 되었는지를 아이에게 설명해야 한다. 아이가 설령 부모의 걱정을 이해하지 못한다 하더라도 자녀에게 설명을 하는 과정은 자녀와의 대화를 이끌어낼 수 있고, 서로를 알아가는 기회도 마련해준다. 아버지들은 아이에게 사과를 하면 혹시나 아버지로서의 권위가 줄어드는 것이 아닐까 걱정한다. 그러나 절대로 그런 일은 없다.

또한 부모가 아이에게 화를 심하게 내거나 혹독하게 대하는 것이

부모는 혹시라도 자신이 너무 감정적이 되거나
심하게 화를 냈다고 생각하는 경우,
꼭 아이에게 미안하다고 사과해야 한다.

반복된다면 본인이 언제 어떤 상황에서 주로 그렇게 반응하는지 돌아보아야 한다. 왜 그런지 분석해보지 않는다면 계속 똑같은 일이 반복될 것이고, 이는 아이에게 전혀 도움이 되지 않기 때문이다. 아이도 하나의 인격체라는 것을 기억하고, 화가 난다고 해서 심하게 혼낼 수 있는 존재가 아니라는 것을 명심해야 한다.[55]


## 아이를 키우는 것은
## 많은 인내를 요구한다

필자의 지인은 사춘기가 된 아들이 3년간 말도 못하게 대들고 사사건건 자신이 옳다고 주장해 정말로 돌아버릴 것 같았다고 했다. 그러던 어느 날 아이와 싸우던 중 평행선으로 달리는 것이 무의미하다는 것을 깨닫고, 아이가 화를 돋우면 화를 버럭 내고 혼내기 전에 화장실에 달려가서 소리를 지르거나 숨을 골랐다고 한다. 물론 다시 돌아와도 아이에 대한 화가 금방 가라앉은 것은 아니지만 적어도 아이에게 심하게 화를 내고 소리를 지르는 것은 줄어들었다고 한나. 그 대신 각자의 입장을 이야기하고 싸움을 끝내게 되었다고 한다. 화가 심하게 난 상태에서 아이의 행동이나 태도에 대해 비난하는 것은 아이에게 절대로 도움이 되지 않는다.

부모의 행동 통제에 대한 이론과 연구들은 아이를 과잉보호하거나 충분하게 훈육하지 않는 것이 자녀에게 무척 부정적일 수 있다는 것을 보여준다. 특히 자녀에 대한 아버지의 적절한 행동 통제가 친구관계와 학교생활에서 문제행동을 덜 일으킨다는 사실은 아버지는 내 자녀뿐만 아니라 다른 자녀들의 건강한 발달에도 영향을 끼친다는 교훈을 준다.

한국의 부모들은 미국, 스웨덴, 독일, 일본의 부모들보다 자녀에게 체벌을 더 많이 하고, 지지하는 표현은 적게 한다고 한다. 자율성과 평등성 및 개인주의를 강조하는 청소년들에게 이런 처벌적 통제가 적합한지 고려할 필요가 있다.[56] 물론 한국의 자녀들은 서구와는 달리 부모의 엄격한 통제를 사랑과 관심의 표현으로 인식하는 경향이 있고,[57] 자신의 학업성취를 위해 좋은 간섭으로 받아들이기도 한다.[58] 하지만 부모라면 청소년기의 자녀에게 이런 엄격하고 처벌적인 통제를 사용하는 것을 조심스러워야 해야 한다.

## 자신을
## 돌아보기

1 — 나는 아이에 대해서 얼마나 잘 알고 있는가? 아이가 지금 고민하고 있거나 힘들어하는 것이 무엇인지 알고 있는가?

2 — 내가 세운 규율은 현실적인가, 아니면 내가 세운 목표를 이루기 위해서 비현실적이거나 너무 높은 기준을 가지고 있는 것은 아닌가?

3 — 나는 어떤 방식으로 아이의 행동을 통제하려고 하는가? 화를 잘 내는가? 혹은 화를 심하게 내는가? 칭찬과 체벌은 적절하게 활용하는가?

4 — 아이를 혼내고 나면 아이에게 화를 낸 이유를 설명하고, 혹 실수를 하면 대화를 통해서 미안하다고 하는가? 혼내고 나서 아이의 감정이 어땠는지 듣고 다음번에는 어떻게 행동규제를 해야 할지 생각하는가?

# 아이의 자아존중감을 높여주는 아버지

•

부모가 자녀를 어떻게 대하고 자녀에게 어떻게 행동하는가에 따라
자녀는 자신에 대한 가치를 생각하고 평가한다.

•

　　필자는 2014년 말 청소년과 학부모를 대상으로 한 세미나에 청중으로 참석했다. 강사는 우울증과 심각한 정신건강의 문제로 고통을 겪는 청소년들을 돕고 자살을 예방하는 운동을 해왔다. 그날 이 강사는 청소년들의 자존감에 대한 강의를 했는데, 강의 중간에 본인이 만났던 고등학생 A의 일화를 소개했다. A는 성적이 좋지 않은 학생이었는데, 단지 그 이유만으로 급우들이 A를 놀리고 상처주는 말을 서슴지 않았다. 다른 학생들도 폭언에 가담하면서 결국 왕따를 당했는데, A는 자신을 놀리는 아이들이 무서워서

학교와 부모님에게 제대로 말하지도 못했다. 상처를 심하게 받은 A는 자신을 바라보는 시각이 병들기 시작했고, 결국 자신을 쓰레기보다 못한 존재로 여기게 되었다. 어느 날 강사와 상담하는 과정에서 A는 자신에게 먹히는 고기가 너무 불쌍하다고까지 말했다고 한다. 자신처럼 가치 없는 사람에게 먹히는 고기가 참 불쌍하다면서 닭똥 같은 눈물을 흘렸고, 살 이유가 없다면서 죽고 싶다고까지 했다고 한다. 안 그래도 공부를 못해서 주눅들어 있었던 A는 학교에서 왕따를 당하면서 성적도 더 떨어졌고, 자신을 아주 하찮고 쓸모 없는 존재로 여기게 되었다.

아이들이 스스로를 가치 있게 여기지 못하고 존중하지 못하게 만드는 환경은 우리 곁에 너무도 가까이 있다. 아이들을 언제라도 삼켜버릴 수 있는 위험이 도사리는 세상에서 자식을 키우는 부모로서 걱정은 이만저만이 아니다. 심각한 학업 스트레스와 안전하지 않은 환경에서 자라는 아이들을 위해, 온 마음을 다해 아이들을 보호하고 감독하는 것은 부모의 핵심적인 역할이 되었다. 가장 바라는 것은 성적이나 지위 고하에 상관없이 인간의 가치가 있는 그대로 인정받고, 재능을 발휘하면서 살아갈 수 있는 사회겠지만 자본주의 사회 속에서 이는 쉽지 않다.

어릴 때부터 경쟁과 학업 스트레스에 노출되고, 또 청소년이 되어서는 경쟁에서 살아남기 위해 사투를 벌이거나 혹은 포기하려는 아이들에게 부모가 해줄 수 있는 것은 무엇일까? 이 중 하나는 아이

자아존중감이 낮고 학업 스트레스가 높을수록
심각한 수준의 우울증이 나타나고, 청소년기의 우울증은
성인기의 우울증으로도 이어질 수 있다고 한다.

들이 이런 세상을 이겨낼 수 있는 힘을 길러주는 것이다. 우리사회
는 사람의 가치를 공부나 성적, 능력으로 결정하지만 아이들이 자
신을 존귀하게 여기고, 현재와 미래의 어려움을 좀더 자신감을 갖
고 대처하며, 어떤 어렵고 힘든 상황이 와도 자신을 가치 있게 여기
는 자아존중감이 높은 사람으로 자라게 된다면 아이들은 건강하게
이 세상을 살아갈 수 있을 것이다. 청소년기에 자아존중감이 낮고
학업 스트레스가 높을수록 심각한 수준의 우울증이 나타나고, 청소
년기의 우울증은 성인기의 우울증으로도 이어질 수 있다.[59] 연구보
고는 자아존중감이 아이들의 현재와 미래의 삶과 건강에 얼마나 중
요한지를 잘 보여준다.

# 자아존중감의
# 중요성

자아존중감을 연구하는 학자들은 자아존중감이
인간의 삶에서 얼마나 중요하고, 어떻게 형성되며, 영향을 미치는
요인은 무엇이고, 어떻게 하면 이를 높일 수 있는지 등을 규명하기
위해 노력해왔다. 자아존중감은 한 인간이 자신을 어떻게 평가하고
이해하는가에 관한 것으로,[60] 어떤 상황에서도 자신이 가치 있다고
판단하고 자신을 존중하는 것이다.[61]

자아존중감이 중요한 이유는 한 사람의 생각과 감정 및 자신에 대한 만족도 등에 영향을 주고, 나아가 우리가 겪는 문제에 대한 관점과 대처 능력에도 영향을 주기 때문이다. 예를 들어 자아존중감이 높은 사람들은 인생에서 일어나는 문제를 자신이 해결할 수 있다고 믿고, 자신에 대해 긍정적으로 생각하며, 감정에 솔직하고, 타인을 존중한다. 그리고 아동이나 청소년의 경우 학교나 또래들 사이에서 겪는 어려움이나 실패 등을 좀더 극복할 수 있도록 해준다.

자아존중감은 개인의 '능력'과 관계가 없다. 뛰어난 능력을 가진 사람들도 자아존중감이 낮을 경우 자신의 가치에 대해 의심하고 자신을 부정적으로 평가하기 때문이다. 행여나 무시당할까봐 두려워하고, 마음속으로는 자신의 능력을 폄하하기도 한다. 필자가 미국에 있을 때 잘 알고 지냈던 B교수는 그 분야에서 탁월함을 인정받는, 창의성과 연구능력이 아주 뛰어난 사람이었다. 많은 교수들에게 존경받고, 학자들이 모이는 학회에 자주 초빙되어 특별강의도 했던 B교수는 필자와 친해지면서 자신에 대한 이야기를 들려주었는데, 그 내용이 아주 충격적이었다. 학부와 대학원을 모두 아이비리그대학교를 나오고 누구나 부러워하는 학문적인 성과를 가지고 있는 B교수는 젊었을 때 우울증과의 사투를 벌여왔는데, 자신의 능력에 대해 늘 의심하고 자신감이 없었으며 무시당할까봐 두려웠다고 했다. 물론 늘 최고의 자리에 있는 사람으로서 경쟁에 질 수도 있다는 불안은 이해하지만, 이렇게 자신에 대한 부정적인 상像으로 인한 감정과 생각 때문에 힘든 세월을 보내왔고 아파했다는 사실을 알게 되자 필자는 안타깝고 슬픈 마음이 들었다.

그런데 사람마다 자아존중감의 정도가 다른 이유는 무엇일까? 자아존중감에 영향을 미치는 요인은 다양하지만, 학자들은 환경의 중요성을 강조한다. 특히 늘 자신을 대하고 양육하는 부모의 태도와 상호작용이 아이들의 자아존중감에 중요한 영향을 미친다.[62] 부모가 자녀를 어떻게 대하고 자녀에게 어떻게 행동하는가에 따라 자녀는 자신에 대한 평가를 내리는 동시에 자아존중감을 형성한다.[63] 예를 들어 부모의 수용적인 태도와 정서적인 지지는 청소년기 자녀들이 자신을 좀더 긍정적으로 바라보게 해준다.[64] 그리고 부모가 자녀를 정서적으로 잘 지지하고, 애정을 잘 표현하고 감독할수록 아동의 자아존중감은 높아진다.[65] 이러한 자아존중감과 부모 양육의 상호작용에 대한 연구들은 부모가 하는 말뿐만 아니라 행동과 몸짓, 태도도 자녀가 자신을 어떤 사람으로 인지하는가에 중요하다는 것을 보여준다.[66]

아이가 학교에서 맞고 들어오면 부모는 아이를 위로해주고 싸움이 벌어진 상황에 대해서 들은 뒤, 학교나 그 부모와 문제를 해결하려고 한다. 하지만 만약 이러한 과정에서 아이에게 왜 바보처럼 맞기만 하고 되받아치지 못했냐고 말하면서 무서운 표정을 짓는다면 아이는 자신에 대해 수치심을 느끼고 스스로를 가치 없는 존재로 여길 것이다. 부모가 마음속으로 자녀들을 끔찍이 사랑한다고 해도 말이나 행동, 표정 등에서 그것이 나타나지 않으면 아이들은 이중적인 메시지를 느끼고 혼란스러워한다. 가장 대표적인 것이 잔소리다. 부모는 아이들이 잘되었으면 하는 마음으로 끊임없이 잔소리를 하고 핀잔이나 비판을 하는데, 이는 아이들에게 오히려 독이 될 수 있다. 아이들은 부모가 자신에 대해 만족하지 못한다고 느껴 자신을 부정적으로 바라보게 되는 것이다.

미국 하버드대학교의 심리학자 질 홀리Jill Hooley 교수와 연구팀의 연구[67] 결과에 따르면, 주된 애착대상인 부모로부터 정서적인 지지나 격려를 잘 받지 못하고 경멸이나 비난을 받을 경우, 성인자녀들조차도 수치심을 느끼고 자신을 부정적으로 바라보게 되며, 우울증을 겪었던 사람들은 우울증이 재발될 수 있다. 이는 어린아이나 청소년 자녀를 키울 때, 말과 행동을 얼마나 조심해야 하는지를 보여준다.

홀리 교수는 과거에 우울증을 겪었지만 현재는 완전히 회복되어 최소 지난 5개월 동안 우울증상을 보이지 않았던 7명의 여성들과 우울증을 전혀 겪은 적이 없는 남녀 9명을 대상으로 실험을 진행했다. 참여자들이 연구를 위해 기능적 자기공명영상fMRI 기계에 들어가 있는 동안 연구팀은 참여자들의 어머니가 녹음한 목소리를 들려주었다. 녹음된 내용은 어머니가 자녀에 대해 비난을 한 표현과 격려를 한 표현, 이렇게 2종류였다. 이런 표현을 듣는 동안 뇌에서 무슨 일이 일어나는지를 관찰했다.

부모가 자녀를 정서적으로 잘 지지하고,
애정을 잘 표현하고 감독할수록
아동의 자아존중감은 높아진다.

실험은 다음과 같은 방식으로 진행되었다. 비난 표현에 대한 반응을 보기 위해서 처음 30초는 아무것도 들려주지 않고, 다음 30초 동안에는 비난의 표현을 들려주었으며, 그 다음 30초 동안에는 아무것도 들려주지 않았다. 격려 표현에 대한 반응 실험 또한 위와 동일하게 진행되었다.

비난의 표현은 다음과 같다.

"난 네가 옷 입는 것 때문에 신경이 거슬려. 네가 입은 옷의 대부분은 낡고 잘 어울리지도 않고 이상해. 그리고 얼마전 산 바지는 통이 너무 넓고 치마는 너무 꽉 끼고, 도무지 돋보이질 않아. 돈을 좀 제대로 쓰든가, 내 충고를 받든가 좀 해."

격려의 표현은 다음과 같다.

"난 너의 웃는 모습이 참 좋다. 너는 웃을 때 얼굴이 환해져. 눈이 빛이 나고, 피부는 광이 나. 너는 어릴 때부터 이렇게 미소가 예뻤어. 3살, 23살, 27살 때 모두 네 웃음은 마치 네 얼굴에 빛이 들어오는 것 같이 밝았어. 나는 너의 미소가 아주 좋고, 다른 이들도 좋아할거야."

이 두 그룹의 여성들 중 이전에 우울증을 겪었던 여성들은 비난하는 엄마의 표현을 들었을 때 점점 당황하기 시작했고, 자신들을

'수치스럽고' '신경질적' 같은 부정적인 단어로 표현했다. 하지만 이들은 자신들에 대해 칭찬하는 표현을 듣고 난 뒤 안정되고 기분이 좋아졌다. 성인들도 이같이 애착대상으로부터 비난이나 경멸의 표현을 들으면 자신을 부정적으로 보게 되는데, 하물며 어린아이나 청소년은 더 말할 것도 없다.

아동기와 청소년기의 자아존중감은 건강하고 능력 있는 성인이 되는 데 결정적이다.[68] 청소년기의 급격한 변화와 혼돈 속에서 높은 자아존중감은 자녀들이 불안에 잘 대처하고 인생의 방향을 결정하는 데 중요한 역할을 한다.[69] 초·중·고등학교 9,300명을 대상으로 학업 스트레스, 자아 존중감, 우울 및 자살 생각에 대한 연구를 수행한 한국청소년정책연구원의 최원재 연구위원에 의하면, 학생들은 연령이 증가할수록 학업 스트레스와 우울감이 높아지지만, 자아존중감이 높을 경우 학업 스트레스가 우울감에 미치는 영향이 상쇄되었다.[70] 즉 자아존중감은 청소년들의 불안과 우울에 대한 완충작용을 하는 것이다.[71] 이는 우리나라처럼 청소년들의 학업 스트레스가 높은 상황 속에서 이들이 높은 자아존중감을 유지할 수 있다면 우울해지지 않고 건강하게 청소년기를 보낼 수 있다[72]는 것을 의미한다. 하지만 낮은 자아존중감은 청소년들이 문제행동을 하거나 비행 청소년이 될 가능성을 높인다는 점에서 우리 자녀들이 자신을 가치 있게 여기면서 크는 것은 매우 중요하다.[73]

# 아버지의 역할과
# 자녀의 자아존중감

자녀가 자아존중감이 높은 아이로 성장하려면 아버지는 어떤 노력을 기울여야 하는가? 자녀의 건강한 발달에 있어 아버지 역할의 중요성이 규명되면서, 자녀의 자아존중감과 우울의 연관성에 대한 연구가 진행되고 있다.[74] 예를 들어 청소년들은 아버지가 아버지의 역할을 잘한다고 느낄수록 이들의 자아존중감이 높게 나타났다. 그리고 남학생에 비해 여학생이 아버지가 제 역할을 얼마나 잘하는가에 따라서 자아존중감에 영향을 더 많이 받았다.[75] 청소년기 자녀들이 아버지의 양육행동이 애정적이고, 합리적이며, 자율적이라고 여길수록 아버지의 양육행동은 자녀의 자아존중감 발달에 긍정적인 작용을 한다.[76] 아버지가 자녀를 이렇게 양육할수록 자녀들은 자신에 대한 부정적인 평가를 두려워하지 않고 좀더 긍정적인 자아 개념을 가질 수 있게 된다.[77]

예를 들어 어린 자녀를 키우는 아버지들은 자녀에게 장난감을 치우라고 말할 때, 눈을 따스하게 쳐다보면서 아이의 몸을 어루만지며 부드러운 목소리로 말하는 것이 좋다. 아이가 장난감을 치우는 동안에 잘한다고 칭찬하고 격려하는 것도 도움이 된다.[78] 하지만 아이에게 모욕감을 주거나 수치심을 느끼게 하면서 훈육하고 처벌하는 것은 피해야 한다.

특히 청소년들의 경우 학교나 가정에서 다른 아이들이나 형제들과 비교하는 표현은 절대 삼가야 하며, 결과로만 아이를 판단하지 말고 일상에서 아이가 작은 것에도 성취감을 느끼면서 자신에 대한 건강한 상을 형성할 수 있도록 도와주어야 한다.[79] 청소년 자녀의 경우 아이처럼 대하지 말고 성인이 되는 과정에 있는 사람으로 인식해 "너는 아직 잘 몰라." "내 말 들어." 식의 말 대신 아이의 감정과 생각을 들어보면서 그에 맞는 충고와 격려를 해야 한다. 특히 아이가 스스로 생각해서 좋은 결정을 내릴 수 있도록 "왜 그렇게 생각하니?" "그렇게 하면 어떤 결과가 나올까?" "왜 그때 그렇게 아빠에게 화를 냈었니?" 등 아이를 이해하려는 방식으로 따뜻하게 다가가는 자세가 필요하다.

# 자신을 돌아보기

**1** — 나는 혹시 내가 아이들에게 보이는 표정, 말투, 몸짓에서 아이들이 자신을 어떻게 생각하는지 인식하고 있는가?

**2** — 나는 아이들에게 정서적으로 지지하는 표현을 많이 하는가, 혹은 비판적인 표현을 많이 하는가?

**3** — 나는 자녀를 내 마음대로 하려고 하지는 않는가? 아이가 어리건, 청소년이건 자녀를 인격체로 대하고 존중하는가?

**4** — 아이가 자아존중감이 높은 사람으로 성장하기 위해서 내가 오늘부터 노력해야 할 것과 하지 말아야 할 것을 한 가지씩 적어보고 실천하자.

# 아이와 정서소통을 잘하는 아버지

•

아버지와 자녀간의 의사소통은 가족 분위기가
안전하고, 자유롭고, 편안할 때 효과적이 된다.

•

"저는 우리 딸아이가 저 때문에 자살하려고 했다는 사실
을 전혀 몰랐습니다. 저는 딸에게 늘 좋은 아버지이고, 아버지 역할
을 잘 한다고 생각했는데, 딸아이는 그렇게 생각하지 않았더군요.
저는 얼마 전 아버지 교육을 받기 전까지 제가 아이와 소통하지 못
하고 아이에게 위협적인 존재였던 것을 몰랐습니다. 교육을 받는
과정에서 마음을 열고 느꼈던 감정들에 대해서 대화를 나누게 되었
는데, 아이는 저 때문에 너무 힘들었다고 하더군요. 제가 집에 들어
왔을 때 딸과 아들이 인사만 하고 방으로 들어가고 저와 말하지 않

왔던 것을 대수롭게 여기지 않았습니다. 제가 들어오면 집안 분위기가 살벌해지고 아이들은 자기 방으로 숨었던 것이지요. 저는 아이를 우울증으로까지 몰고 갔었고, 어두운 아이로 만들었습니다. 교육을 받으면서 제가 좋은 아버지가 아니라는 사실을 받아들이는 것이 너무 힘들었습니다. 죽고 싶은 심정이었습니다. 하지만 지금이라도 아이의 마음을 알고 소통할 수 있게 된 것을 다행이라 생각해요. 앞으로는 딸아이의 감정 하나하나에 신경 쓰고 마음을 잘 살피려고 합니다."

부모 역할을 잘하려고 애쓰는 부모치고 아이의 마음을 잘 알아주고 아이와 소통하는 것의 중요성을 모르는 사람은 없을 것이다. 부모는 아이가 하는 말, 행동, 태도, 눈짓, 말투, 음성의 높낮이, 자세, 몸짓, 표정 등의 언어적·비언어적 표현들을 통해 아이가 어떤 메시지를 보내는지 알려고 노력한다. 또한 아이의 말을 들어주고, 아이와 소통하며 챙겨주려 한다.

하지만 고등학교 2학년인 딸과 중학교 3학년인 아들을 키우며 개인 사업을 하는 L씨의 사례처럼 부모가 자녀의 마음을 알아주고 소통하는 것은 쉽지 않다. 그래도 부모는 소통을 위해 세심한 노력이 필요하다는 것을 안다. 그런데 왜 소통은 쉽지 않은 것일까? 가족 내에서 부모와 자녀가 소통한다는 것은 어떤 의미이고, 또 얼마나 중요하기에 그리도 강조되고 있는 것일까? 특히 아버지는 아이와 잘 소통하기 위해 어떻게 해야 할까?[80]

언어체계가 발달하지 않은 신생아도 울음과 몸짓, 표정 등을 통해
충분히 배가 고프다는 것을 표현하고
부모가 먹을 것을 주도록 만든다.

# 가족과 감정소통의
# 중요성

미국 미시간대학교와 스탠퍼드대학교의 사회심리학자였던 로버트 제이연츠Robert Zajonc 교수는 "인간 사이의 의사소통은 진정으로 서로의 감정이 왔다 갔다 하고 그것에 반응하는 과정이다."라고 말했다.[81] 특히 가족생활에서는 가족 구성원들의 변화무쌍한 감정과 느낌들이 복잡하게 얽혀서 나타나고 교류된다. 분노, 사랑, 미움 등의 강렬한 감정에서부터 애정이나 싫증 등의 잔잔한 감정들까지 매우 다양한 감정을 표현하고 소통하면서 서로에게 영향을 미친다.[82]

감정을 연구하는 학자들은 우리가 감정을 표현하고 상대방에게 이해받기 원하는 것과 마찬가지로 상대방에게 반응하는 모든 소통의 과정이 인간의 생존에 필수적이라고 주장한다.[83] 이러한 생존과 삶의 질에 핵심적인 기능을 하는 정서체계는 태어날 때부터 가지고 있는데,[84] 이는 우리 자신뿐만 아니라 타인에게도 생존에 필요한 정보를 제공한다.[85] 먼저 감정은 우리 자신에게 생존과 복지감에 관한 정보를 준다. 예를 들어 교통사고를 당했을 때 고통을 느끼는 것은 우리가 소리치거나 119를 부르는 등의 도움을 요청하도록 만들어 생존을 가능하게 한다. 만약 우리가 고통이나 아픔을 느끼지 못한다면 심하게 다치거나 죽게 될 것이다. 또한 만약 우리가 특정 상황에서 두려움을 느끼게 되면 그 상황이 위험하고 안전하지 않다는 것을 감지해 이에 대처할 수 있다. 또한 우리는 원하는 바나 목표가 충족되지 않을 때 분노를 느끼는데, 이는 우리 앞에 놓인 문제를 해결하게 한다. 감정은 이처럼 우리의 생존과 복지감에 결정적인 역할을 한다.

또한 감정은 우리에게 무엇이 중요한지를 타인에게 알려 반응을 이끌어낸다. 인간은 태어난 지 얼마 되지 않아 즉각적으로 행복, 슬픔, 분노 등을 표현할 수 있고, 부모에게서 반응을 얻어낸다. 언어체계가 발달하지 않은 신생아도 울음이나 몸짓, 표정 등을 통해 충분히 배가 고프다는 것을 표현하고 부모가 먹을 것을 주도록 만든다. 나아가 성인애착이론에 기초한 수많은 연구결과들이 입증하듯이, 인간은 사랑하는 사람과 유대를 형성하고 그(그녀)에게 사랑을 받고 싶어한다. 그런데 만약 이런 욕구가 충족되지 않을 경우 분노, 짜증, 섭섭함, 아픔 등의 감정을 표현해 사랑하는 이에게 애정을 받고 싶은 욕구를 충족하려 한다.

가족 구성원들은 생존과 행복을 위해 서로에게 욕구충족에 대한 높은 기대를 갖는데, 흥미로운 사실은 인간은 자신의 욕구나 감정을 상대방의 심리적 복지감Psychological well-being에 별로 관심이 없는 사람들에게 표현하기보다는 욕구를 충족시켜주는 것에 책임감을 느끼는 가족이나 친구, 이성에게 표현하는 경향이 있다는 것이다.[86] 이는 많은 연구들에서 입증되었는데, 감정을 표현하고 정서적

으로 교류를 하는 것이 가족 등의 친밀한 관계의 대표적 특성임을 보여준다.[87]

## 가족의 정서 분위기와
## 의사소통

각각의 가족 구성원이 느끼는 감정들은 일상생활에서 가족의 정서 분위기emotional climate를 형성하고 나아가 가족의 의사소통 및 기능에 영향을 미친다.[88] 예를 들어 부모의 사이가 좋지 않고 서로 관계에 대한 불만족이 높으면 가족의 분위기는 어둡고 불안할 수 있고, 아이와 부모와의 의사소통은 제한적일 수 있다. 즉 부모는 아이의 욕구를 묵살할 수 있고, 비난이나 지적 등의 부정적인 방식으로 소통할 수 있으며, 자녀는 부모에게 마음을 연 대화를 할 수 없을 수도 있다.

가족의 정서 분위기가 아이들에게 중요한 이유는 이것이 아이들이 자신을 얼마나 자유롭고 편안하게 드러내면서 소통하는가에 영향을 주기 때문이다. 가족의 정서 분위기는 매우 다양한데, 예를 들어 서로 거리가 있거나 냉랭한 가족에서는 두려움, 내재된 분노, 거절, 실망감, 절망감 등의 정서가 지배적인 경우가 많다. 또 어떤 가족은 부모가 다른 가족들을 통제하거나 지배해 불안감이나 두려움

가족의 정서 분위기가 아이들에게 중요한 이유는
이것이 아이들이 자신을 얼마나 자유롭고 편안하게 드러내면서
소통하는가에 영향을 주기 때문이다.

을 많이 느끼면서 살아간다. 이러한 분위기 속에서 아이들은 자신의 욕구나 의사, 감정 등을 제대로 표현하지 못하고, 감정을 억제하거나 공격적으로 표현하거나 아예 가족을 피해 도망치면서 힘든 감정을 조절한다. 이런 정서 분위기에서 마음을 열고 소통하기란 불가능하다.

이와 달리 어떤 가족에게는 긍정적인 정서 분위기가 흐르는데, 이런 가정에서는 신뢰와 애정 및 따스함이 있고, 아이들이 거절이나 무시의 두려움 없이 안전함을 느끼면서 자신들의 감정과 욕구를 표현할 수 있다. 이런 가족의 정서 분위기는 아이들에게 형제를 포함해 타인에 대한 공감 능력을 향상시켜준다.[89]

가족의 정서 분위기에 대한 연구들은 부모가 의사소통 방법이나 기술을 배우기에 앞서, 이를 효과적 혹은 비효과적으로 만들 수 있는 가족의 정서 분위기를 파악하는 것이 중요하다는 것을 시사한다. 만약 아이들이 부모에 대해 안전하지 않거나 차갑거나 무관심하다고 느낀다면, 부모는 그 이유가 무엇인지 생각해보고 가족의 정서 분위기를 변화시켜 아이들이 자유롭고 편안하게 자신의 욕구를 표현하고 소통할 수 있도록 해야 한다.

가족의 정서 분위기기가 경직되어 있으면 효과적인 소통은 불가능하다. 앞서 소개한 L씨의 사례에서 L씨는 자신으로 인해 가족의 정서 분위기가 안정적이지 못하고 편안하게 의사소통을 할 수 없다는 것을 인식하지 못했다. 그러나 L씨는 자신이 가족의 정서 분위기를 해치는 사람이었다는 것을 깨달으면서 변화를 위해 노력했고, 이를 통해 가족 간의 감정 교류가 좀더 활발해졌으며 긍정적 의사소통이 가능해졌다.


## 감정에 대한
## 부모의 철학


미국 워싱턴대학교의 심리학자 존 가트맨John Gottman 교수는 부모의 역할을 이해하기 위해 1990년대에 '부모의 감정철학Parental meta-emotion philosophy'이라는[90] 새로운 개념을 개발했다. 부모의 감정철학은 부모가 자신과 자녀의 감정에 대해 갖는 일련의 생각과 느낌을 지칭하는 것인데, 부모 역할(특히 정서적 부분)이 아동의 발달에 미치는 영향을 살피는 데 유용한 개념으로 많은 연구와 교육 등에서 활용되었다.

존 가트맨 교수는 부모가 감정철학에 있어 대체적으로 '감정코칭emotion coaching 성향' 혹은 '감정묵살emotion dismissing 성향'을 보인다고 했다.[91] 물론 부모의 감정철학을 이렇게 이분화하는 것은 다소 무리가 있고, 또 한국 정서상 자신의 감정과 욕구를 표현하는 것이 바람직하지 않다고 여겨왔던 사회에서 높은 수준의 감정코칭 성향을 가진 부모들, 특히 아버지를 발견하는 것은 쉽지 않다. 하지만 필자는 부모들이 이 2가지 성향에 비추어 자신의 성향을 생각해보고, 앞으로 자녀와의 정서소통에 대한 방향을 생각하는 기회로 여겼으면 한다.

감정코칭 성향의 부모는 일반적으로 자신과 자녀들이 어떤 감정을 느끼는지 잘 알고 있고, 부정적인 감정을 느끼는 순간을 서로가 더 가까워질 수 있는 기회로 활용한다. 또한 아이들이 느끼는 분노나 슬픔 등의 부정적인 감정을 잘 인지해 조절할 수 있도록 돕는다. 이런 부모들은 분노, 두려움, 슬픔, 절망감, 고통 등의 힘든 감정들이 어떤 것인지 아이들에게 설명하고, 아이들이 이를 건설적으로 다루고 조절할 수 있도록 도우며, 이런 감정들의 원인과 특성, 결과들에 대해 적극적으로 가르친다.

이와 달리 감정묵살 성향의 부모는 아이가 어떤 감정을 느끼고 있는지 잘 파악하지 못한다. 그리고 부정적인 감정들을 느끼는 순간을 문제시하거나 짓누르고, 아이들이 느끼는 감정을 인정하지 않으며 비난하는 경향을 보인다. 특히 분노, 두려움, 슬픔, 절망, 고통 등의 감정들은 좋지 않거나 중요하지 않다는 잘못된 믿음을 가지고 있다. 아이가 아파서 울 때 부모가 "왜 자꾸 울어. 힘들게."라고 말하거나, 아들에게 "남자는 감정을 보이면 안 돼." 또는 아이가 "엄마, 나 무서워."라고 할 때 "뭐 그런 걸 가지고 무서워해. 애들같이."라고 말한다면, 아이들은 자신의 감정이 중요하지 않다고 생각하거나 수치심을 느끼게 된다.

감정코칭 성향의 부모는 일반적으로 자신과 자녀들이
어떤 감정을 느끼는지 잘 알고 있고, 부정적인 감정을 느끼는 순간을
서로가 더 가까워질 수 있는 기회로 활용한다.

부모의 감정 성향은 자녀의 정서조절과 밀접한 연관이 있다. 특히 서구에서는 어렸을 때의 부모의 감정철학이 몇 년 후 혹은 청소년이 되었을 때 자녀의 발달에 어떤 결과를 낳는지에 대한 연구를 진행했는데, 부모의 감정철학이 자녀의 발달에 미치는 중요성을 잘 보여주고 있다. 존 가트맨 교수와 연구팀은 먼저 자녀가 4~5세일 때 부모의 감정철학과 자녀의 발달에 대해 측정했고, 3년 후에 동일한 내용을 측정했다. 이 연구에서 자녀가 4~5세일 때 부모가 감정코칭성향을 보일수록 자녀는 3년 후 정서조절 능력이 향상되었고, 문제행동은 줄어들었다.[92]

## 자녀와 긍정적인 의사소통을 위한 아버지들의 노력

자녀와 정서소통을 원활히 하고, 긍정적인 의사소통을 하기 위해서는 무엇보다도 부모가 가족의 정서 분위기를 파악하고 변화시켜야 한다. 우리 가족을 지배하는 정서는 무엇인지, 아이들이 부모에게 자신의 생각이나 욕구를 표현할 때 어떤 감정을 느끼는지, 가족의 정서 분위기가 어둡다면 무엇이 그렇게 만드는지, 자녀들이 눈치를 보지는 않는지, 아내와 남편 및 자녀와 부모 사이에 흐르는 주된 정서는 무엇인지 등을 살펴봄으로써 긍정적인 의사소통을 위한 기반을 다져야 한다.

가족의 정서 분위기가 긍정적으로 바뀌고, 기쁜 감정들이 더 많이 교류되기 위해서는 가족이 즐거움을 느낄 수 있는 다양한 축하행사나 모임(생일파티, 야구장 가기, 기념일 축하, 갑자기 번개하기 등)을 계획하고 실천하는 것이 중요하다. 이렇게 신나고 흥분되는 활동은 가족의 응집력을 높이고, 유대를 강화한다.[93] 또한 서로의 소망과 계획들을 추진할 수 있도록 지지하고 도와주며, 각자 혹은 가족이 겪는 문제를 함께 대처하고 해결하려는 전 구성원의 노력이 필요하다.

아이의 연령과 발달단계에 따라 부모에게 요구되는 의사소통 방식과 내용은 다르지만, 보편적으로 적용될 수 있는 원리는 다음과 같다.

첫째, 아이들이 아버지에게 편하게 다가갈 수 있도록 하라. 일 때문에 늦게 귀가하는 아버지들은 주중에 아이와 대화하기가 거의 불가능하므로, 주말에는 꼭 아이들과 활동 한 가지 정도를 같이 하는 것이 좋다. 이런 활동은 아이와의 친밀감을 높인다. 이외에도 아이가 어느 정도 커서 말로써 자신을 표현하는 것이 가능하면 아이와 대화를 하는 것도 좋다. 어떤 주제에 대한 대화보다 아이에게 일어났던 일들에 대해 아이가 어떻게 느끼고 생각했는지를 듣고 이에 대한 대화를 하는 것이 필요하다. 이때 아버지는 아이에게 아이의 삶에서 일어난 일이 자신에게 정말 중요하고 꼭 무슨 일인지 알고 싶다는 것을 몸짓과 말로 표현해야 한다. 이는 아이가 자신이 아버지에게 사랑받는 소중한 존재라고 느끼게 해 감정과 생각에 대해 더 잘 소통하게 한다.

둘째, 아이들에게 아버지가 경청하고 있다는 것을 알게 하라. 아이가 아버지에게 말을 걸면 아버지는 하고 있던 것을 잠시 멈추고 아이를 쳐다보아야 한다. 아이가 아무리 이해할 수 없는 말을 하더라도 끝까지 다 듣고 경청하며, 잘 듣고 있다는 것을 언어나 표정으로 표현해야 한다. 아이가 사춘기가 되면 자기 주장이 강해지는데 그럴 때도 인내하고 관심을 표현하면서 들어야 한다. 또한 아이에게 아버지의 생각이나 감정을 표현할 때 가르치려고 하지 않는 것이 중요하다. 대화를 할 때와 훈육을 할 때를 구분해야 한다.

셋째, 아이들도 아버지의 생각과 감정을 알 수 있도록 아이에게 반응하라. 아이들과 소통하려 할 때, 아버지가 너무 강한 감정(분노나 심한 신경질 혹은 짜증)을 표현하면 아이들은 방어적이 되므로 감정을 좀 누그러뜨려야 한다. 그래야 아이는 안전하다고 느껴 자신의 욕구나 감정을 더 편안하게 표현할 수 있다. 그리고 아버지의 생각을 피력하기보다 아이가 느낀 감정에 공감하고 반응해주는 것이 가장 중요하다는 것을 기억해야 한다.

# 자신을
# 돌아보기

**1** — 우리 가족의 정서 분위기는 어떠한가?

**2** — 자녀들은 가족의 정서 분위기에 대해 어떻게 느끼고 있는가? 혹 자녀들이 부정적인 정서분위기를 느끼고 있었다면 아버지로서 나는 어떤 시도를 해야 하는가?

**3** — 나는 감정코칭형 아버지인가, 감정묵살형 아버지인가?

**4** — 어떻게 하면 아이에게 자신의 감정 상태를 말할 수 있도록 유도할 수 있을까? 아이에게 먼저 아버지가 힘들었던 일들이나 부정적인 감정을 느꼈던 일들에 대해서 말을 해보는 것도 좋은 방법이다. 예를 들어 "오늘 운전하다가 사고가 날 뻔 했는데 너무 아찔했었어. 아빠가 다치면 병원에 입원해야 해서 너희들과 한동안 못 볼까봐 갑자기 걱정이 됐어." "회사에서 아빠를 좀 힘들게 하는 상사가 있는데, 아빠가 오늘은 더 힘들었단다. 그래서 오늘은 정말로 그 아저씨한테 뭐라고 한마디 해주고 싶었는데 그렇게 하면 안 돼서 참았단다." 식으로 이야기를 하는 것이다. 아이들은 비록 어리지만 이런 과정을 통해서 아빠의 감정을 알게 되고, 아빠가 겪는 여러 가지 어려움을 어렴풋이 느끼면서 아빠와 친해지게 된다.

# 역경을 잘 헤쳐 나가도록 키우는 아버지

·

문제를 회피하지 않고 고통을 건설적으로 다룰 수 있는 지혜로운 사람으로
아이를 키운다면, 아이들은 나중에 건강하고 독립적인 성인이 될 것이다.

·

"제가 6살 때 아버지가 돌아가셨어요. 어머니와 저만 남
았는데, 정말 가난했어요. 잘 먹지도 못하고 무척 어려웠습니다. 어
떤 날은 물만 먹고 하루를 견디기도 하고, 밥을 한 끼만 먹는 날도
많았어요. 고등학교를 졸업하고, 대학교에 들어갔는데 점수를 맞춰
가다 보니 들어갔던 학과가 너무 안 맞았어요. 그래서 한 학기만 다
니다 자퇴를 하고, 죽기 살기로 다시 공부해서 공대를 들어갔어요.
대학을 다닐 때 등록금을 대느라 엄청 고생했지만, 그래도 졸업하
고 좋은 직장에 운좋게 들어가게 되었습니다.

대학교 1학년 때 만났던 지금의 아내와 7년을 연애하고 결혼했어요. 결혼하고 2년이 지나서 첫아이가 태어났는데, 아이를 보니까 좋으면서도 머릿속은 하얘지더라고요. 아이한테 무엇을 해주어야 할지 전혀 생각나지 않았어요. 제가 아버지를 일찍 여의었다 보니 아버지가 과연 어떤 사람인지도 모르겠고, 아이한테 어떻게 해야 할지 정말로 앞이 캄캄했습니다. 그래서 아버지의 역할에 대해서 고민도 많이 하고 책도 읽었어요. 제가 아버지 없이 어렵게 컸고, 사는 것이 너무 험난해서, 우리 아들하고 딸은 세파를 잘 이겨낼 수 있도록 키워야겠다는 생각을 많이 했습니다. 아들이 초등학생 때 태권도장을 다닌다고 했을 때, 절대로 중간에 그만두지 않기로 약속하고 배우게 했어요. 싫증이 날 수도 있고, 가기 싫을 때도 있겠지만 어떤 이유로든 중간에 포기하지 않도록 노력했어요. 그래서인지 검은 띠도 땄어요. 하하하. 아시다시피 사는 게 힘들잖아요. 제가 가진 것도, 특별히 물려줄 것도 없으니, 아이들이 성실하고 끈기 있게 포기하지 않으면서 살 수 있도록 키우려고 합니다."

IT업계에 종사하는 42세의 M씨는 아버지를 일찍 여의고 아주 어렵게 큰 남성이다. M씨는 비록 아버지께 받은 것은 없지만, 아이들에게는 할 수 있는 만큼 뒷바라지를 하고 끝까지 밀어주려고 한다. 무엇보다도 아이들이 자신처럼 역경을 잘 헤쳐나가는, 내면이 강하고 끈기 있는 아이로 자랐으면 하는 것이 M씨의 바람이다.

많은 사람들이 피할 수 있다면 피하고 싶은 것이 바로 삶의 역경

부모가 아이들을 문제와 역경을 회피하지 않고 두려워하지 않으며
고통을 건설적으로 다룰 수 있는 용기 있고 지혜로운 사람으로 키울 수 있다면,
아이들은 건강하고 독립적인 성인으로 자랄 수 있다.

일 것이다. 하나의 문제를 해결하면 다른 문제가 생겨 나와 가족을 가만두지 않는다. 경제적 파탄, 심각한 질병과 건강상의 문제, 대인관계의 어려움, 아이의 학교 부적응 등 하나만으로도 감당하기 벅찬 어려움이 한꺼번에 몰려올 때는 정말 솟아날 구멍이 있을지 의문이 든다. 이렇게 하루가 멀다 하고 생기는 문제들과 고난들은 인생살이가 정말 만만치 않다는 생각을 들게 한다.


# 역경을 잘
# 통과하는 아이


그런데 이런 인생살이는 우리뿐 아니라 우리 아이들도 현재와 미래에 모두 경험하게 된다. 그렇다면 아이들이 앞으로 문제에 직면했을 때 잘 헤쳐 나갈 수 있도록 부모로서, 또 아버지로서 어떻게 해야 할까?

미국 케이스웨스턴리저브대학교 의과대학 출신으로 통찰력 깊은 정신과 의사 스콧 펙Scott Peck은 "삶이 어렵다는 것은 엄청난 진리 중의 하나다."라고 말했다.[94] 인생은 문제의 연속이고, 우리가 이를 전적으로 이해하고 받아들이는 것이 인생을 통과하는 데 필요한 지혜라는 말이다. 그런데 스콧 펙이 말하듯 인생이 어려운 이유는 문제들을 직면해야 하고confronting, 해결하는solving problems 과정이 매우 고통스럽기 때문이다. 문제의 내용과 해결에 상관없이 이 과정에서 우리는 감정(슬픔, 분노, 좌절, 애도, 외로움, 죄책감, 걱정, 절망, 두려움)에 압도된다.

문제와 고통은 우리를 좌절시키기도 하지만, 더 지혜롭고 용기 있는 사람으로 만들기도 한다. 또한 문제해결의 과정에서 우리의 능력은 더 커지고, 더 성숙한 사람이 된다. 벤자민 프랭클린Benjamin Franklin은 고통에 관해 "고통은 가르침을 준다. 그러므로 지혜로운 사람은 문제를 두려워하지 않고 오히려 환영하며, 문제가 주는 고통까지 기꺼이 받아들인다."라고 통찰한 바 있다.

부모가 아이들을 문제와 역경을 회피하지 않고 두려워하지 않으며 고통을 건설적으로 다룰 수 있는 용기 있고 지혜로운 사람으로 키울 수 있다면, 아이들은 건강하고 독립적인 성인으로 자랄 수 있다. 물론 '닥치면 다 하게 된다.'라는 표현처럼 준비를 하지 않아도 우리 인간은 엄청난 문제해결 능력을 가지고 있다. 하지만 어떻게 자라고 어떤 훈련을 받았는가는 실제 상황에서 우리가 더 유연하게 문제를 대처하고 해결할 수 있는 능력을 발휘하게 해준다.

그런데 불행하게도 우리나라의 사회문화적인 특성상 아이들이 역경을 당당하게 헤쳐 나갈 수 있는 힘을 잘 키우지 못하는 것은 아닌가 하는 생각이 든다. 특히 부모의 과보호는 나중에 화살이 되어 아이에게 날아와 아이를 아프고 힘들게 할 수 있다.

부모의 과보호가 무엇인지는 학자들마다 견해가 다르지만, 포괄적으로 '부모가 자녀에 대한 지나친 애정과 관심으로 연령에 맞지 않는 수준의 보호를 제공하고 간섭하며, 자녀의 의존성을 높이고 자율성을 저해하는 양육 태도'로 정의된다.[95] 우리나라의 문화 특성상, 어머니들은 자녀에게 많은 기대를 하고 또 동일시해 밀착적인 관계를 형성하는 경향이 있다. 나아가 심각한 입시경쟁과 학업성취의 압박으로 인해 부모는 자녀의 행동을 더욱 통제하고, 관계의 밀착 정도를 높여 과보호적 양육은 더 심해진다.[96]

## 과보호 문제,
## 어떻게 할 것인가?

부모는 사랑으로 아이를 보호하고 돌보지만 과보호는 자녀에게 오히려 해가 되고, 심각한 경우 치명적인 결과를 낳기도 한다. 부모의 과보호는 대부분 부모의 걱정과 불안에서 시작되는데, 과보호를 받은 자녀들은 부모처럼 걱정이 많거나, 자아도취가 심하거나, 자기중심적이고 나약하며, 자기 통제력이 약하고 의존적이어서 대인관계에 문제가 많거나 문제해결 능력이 부족하다.[97] 부모의 과보호는 아동과 청소년들의 불안감과 우울[98] 및 공격성이나 문제행동과 연관이 있다.[99] 또한 부모가 자녀 스스로 문제를 고민하고 갈등하는 시간을 주지 않고 바로 해결해줄 경우, 자녀들은 자신감을 잃고 자존감이 낮아질 수 있다.[100] 무엇보다도 부모의 과보호는 자녀가 어려움을 겪을 때 좌절과 고통, 아픔을 통해 성숙해질 수 있는 기회를 차단한다.

사실 부모의 과보호는 자녀가 성인이 되어서도 지속적으로 나타나는 경우가 많은데, 이는 아이를 나약하고 불안감이 심한 아이로 만든다. 필자가 미국에서 교수로 있을 때 잘 아는 다른 지역의 교수에게 부모의 과보호에 관한 해프닝을 들은 적이 있었다. 어떤 학생이 본인의 실수로 한 과목을 수강하지 못해 결국 학교를 한 학기 더 다니게 되었다. 이 사실을 안 학생의 어머니는 바로 총장에게 직접 연락해, 딸의 실수가 아니니 졸업을 시켜달라고 으름장을 놓았다. 그리고 제대로 지도하지 못한 지도교수를 해임하라는 말도 안 되는 요청까지 했다. 학교에서 조사해보니 학생의 지도교수는 제대로 지도를 했는데, 학생 본인의 실수로 그 과목을 등록하지 않았던 것이었다. 부모의 과보호에 익숙한 이 학생은 부모에게 혼이 날까봐 너무 무서워서 진실을 말하지 않았고, 결국 일을 아주 크게 만들었다. 과보호가 익숙한 어머니는 아이에게 자초지종도 듣지 않고 아이가 스스로 해결할 수 있는 기회를 박탈한 채 본인이 해결하겠다고 나선 것이었다.

누가 보기에도 확실히 과보호라고 할 수 있는 부모의 행동들이 있지만, 부모의 입장에서 과보호와 적절한 보호 사이의 경계는 모호할 때가 많다. 학자들은 자녀들의 입장에서 부모의 과보호를 측

부모가 자녀 스스로 문제를 고민하고 갈등하는 시간을 주지 않고
바로 해결해줄 경우, 자녀들은 자신감을 잃고
자존감이 낮아질 수 있다.

정할 수 있는 척도를 개발해 연구에 사용해왔는데, 이 척도는 성격 검사나 심리검사처럼 점수를 계산해 자신에 대해 알 수 있는 것이 아니다. 필자는 독자들이 이 척도를 통해 자녀들이 어머니의 양육에 대해 어떻게 느끼는지를 한 번쯤 알 수 있는 기회로 활용하길 바란다.

가톨릭대학교의 심리학자인 정은영과 장성숙 교수는 과보호를 '과잉기대·자율성 저해·과잉통제·과잉보호 및 불안·과잉애정'을 포괄하는 개념으로 정의하고 자녀의 입장에서 어머니의 과보호를 측정하는 척도를 개발했다. 이 척도는 학자들이 연구를 위해 청소년들이 느끼는 어머니의 과보호의 정도를 측정하기 위한 것이지만, 부부와 자녀가 이 척도를 보면서 어머니의 과보호 정도를 생각해볼 수 있다. 만약 과보호라고 여겨지는 면이 있다면 자신을 돌아보면서 고치고 조절해나가는 데 도움을 준다.

부모가 과보호를 지양하는 동시에 어떻게 하면 아이들을 포기하지 않고 역경에도 잘 견디면서 불안이나 불확실성과 같은 힘든 감정을 잘 조절하는 사람으로 키울 수 있을까? 학자들은 '회복탄력성 resilience'개념을 통해 부모들에게 도움을 주고 있다. 다음은 미국의 심리학회에서 부모들과 교사들이 아이를 회복탄력성이 있도록 지도하고 키우는 것을 돕기 위해 연구결과를 토대로 제시한 내용이다.[101]

첫째, 애착 대상이나 가족과의 긍정적이고 안정적인 관계의 중요성을 강조한다. 사랑을 충분히 받고 부모와 안정적으로 애착이 형성된 아이들은 새로운 상황에 도전하거나 어려운 상황에 처할 때, 자신은 해낼 수 있다는 믿음이 있다.

둘째, 아이가 자신의 재능을 찾을 수 있도록 도와야 한다. 만약 아이가 재능을 살릴 수 있는 일을 발견했다면 목표를 세우고 매진할 수 있도록 도와주어야 한다. 우리는 모든 이들이 공부에 소질이 있지 않다는 것을 안다. 힘든 인생을 이겨낼 수 있는 힘은 자신이 좋아하고 의미 있다고 여기는 일을 할 때 나온다.

셋째, 변화는 삶의 일부라는 것을 아이에게 알려주어야 한다. 대부분의 사람들은 안정성을 추구하고 변화에 저항하는 경향이 있다. 변화는 힘들지만 성장하고 성숙해지는 데 필수적인 과정이라는 것을 가르치고, 변화로 인한 어려움보다는 이로 인해 나타날 수 있는 긍정적인 면을 아이들에게 알려주어 변화에 대해 좀더 수용적인 태도를 갖게 해야 한다.

넷째, 문제에 적극적으로 임하는 태도를 가르쳐야 한다. 문제가 발생했을 때 아이가 문제를 회피하거나 문제가 저절로 사라지길 바라면서 적극적인 행동을 취하지 않는 것은 아이에게 좋지 않다. 아이와 함께 체계적으로 문제에 대처하고, 부모와 함께 문제를 해결하는 경험을 통해 자신감을 갖도록 해야 한다.

| 구분 | 문항 |
|---|---|
| 과잉기대<br>(교육열로 인한<br>지나친 기대) | 1. 내 성적이 어머니의 기대에 못 미치면 무척 실망하신다.<br>2. 내 능력 이상으로 기대하셔서 부담스럽다.<br>3. 다른 어떤 것보다 공부가 제일 중요하다고 말씀하신다.<br>4. 내가 무엇을 하든 항상 남보다 잘 해야 한다고 말씀하신다.<br>5. 우리 어머니는 나의 진로에 대해 나보다 더 민감하시다. |
| 자율성 저해<br>(지나친 간섭으로<br>혼자 할 수 있는<br>기회 박탈) | 1. 내가 이성친구를 만나러 갈 때 어머니가 따라 오신다.<br>2. 내가 남들과 다투면 무조건 다른 아이를 야단치신다.<br>3. 내가 잘못했는데도 학교에 전화해서 따지신다.<br>4. 내 과제를 대신 해주신다.<br>5. 어머니가 내 스케줄을 다 짜고 관리하신다. |
| 과잉통제<br>(부모의 엄격한<br>통제와 관리) | 1. 어머니 마음에 안드는 친구는 사귀지 못하게 하신다.<br>2. 내가 어디 있는지 수시로 전화하신다.<br>3. 내가 무엇을 하든지 어머니의 허락을 받기 원하신다.<br>4. 나의 귀가시간을 엄격히 관리하신다.<br>5. 아무리 좋은 의도라 해도 내 생활에 너무 많이 간섭하신다. |
| 과잉보호 및 불안<br>(유아 취급하고<br>불안해하고,<br>지나치게 보호) | 1. 지나치게 나를 보호해주신다.<br>2. 내 곁에서 나를 보살펴주어야만 한다고 생각하신다.<br>3. 내가 할 수 있는 일인데도 불안하다고 못하게 하신다.<br>4. 내가 어머니 없이는 아무것도 할 수 없다고 여기신다.<br>5. 내가 다 컸는데도 나를 아기 취급하신다. |
| 과잉애정<br>(부모의 지나친<br>접촉과 허용 · 부모와<br>자녀의 일체감) | 1. 다른 어떤 것보다 나와 함께 있는 것을 제일 좋아하신다.<br>2. 어머니는 언제나 내 기분을 맞춰주려고 애쓰신다.<br>3. 나 없이는 못살 것 같다고 종종 말씀하신다.<br>4. 내가 원하면 무리한 것도 다 들어주신다.<br>5. 나를 자주 껴안아주시고 쓰다듬어주셔서 귀찮을 때가 많다. |

※ 자료: 정은영 · 장성숙(2008), '청소년이 지각한 어머니의 과보호 척도 개발: 탐색적 요인분석과 확인적 요인분석 결과', 한국심리학회지: 상담 및 심리치료, 20(2) 293~312.

# 자신을
## 돌아보기

**1 —** 우리 아이는 어려운 문제를 접할 때 어떤 태도를 취하는가?

**2 —** 나는 아이에게 삶에 일어나는 다양한 변화에 대해서 어떤 메시지를 보내는가? "너무 지겹다." "힘들다." "또 문제야?" 등의 부정적인 메시지를 보내는가? 아니면 변화를 통해서 나타날 수 있는 긍정적인 면들에 초점을 두는가?

**3 —** 나와 배우자는 혹시 아이를 과보호하는 부모인가? 만약 과보호 부모라면 나는 아이의 건강한 발달을 위해서 어떻게 아이와 적절한 경계를 둘 수 있을까?

**4 —** 나는 아이에게 문제가 생기면 아이가 해결할 수 있도록 돕는가? 아니면 내가 주로 나서는 편인가?

2부

# 좋은 아빠로 사는 데
# 걸림돌 치우기

# 가족, 갈등, 그리고
# 아이의 성장과 발달

아이에게 나쁜 아빠, 혹은 양육을 못 하는 아버지가 되고 싶은 남성은 아마 없을 것이다. 남성들은 자신이 처한 현실 속에서 최선을 다해 아이에게 좋은 아버지가 되려고 노력한다. 그런데 이렇게 노력을 해도 사실 생각만큼 아버지 역할은 쉽지 않다. 일에 치여 피곤하기도 하고, 어떻게 해야 할지 모르기 때문일 수도 있다. 하지만 우리가 생각하는 것 이상으로 아내와의 갈등, 어린 시절 아버지의 부정적인 양육방식, 부부의 비협력적 양육이나 주도권 싸움 등은 남성들이 아버지 역할을 하는 데 알게 모르게 걸림돌이 된다.

# 부부관계의 갈등 및
# 아버지의 역할

대부분의 사람들은 아내와 남편의 관계가 남성들이 아버지 역할을 하는 데 중요하다는 것을 잘 알고 있다. 예를 들어 이혼이나 별거 상태에 있는 부부의 경우, 아내가 남편에게 화가 많이 나 있다면 아내는 아이들을 남편과 만나지 못하게 할 수도 있다. 이와 마찬가지로 남편이 아내를 만나고 싶지 않으면 자연스럽게 아이와 만나는 것도 쉽지 않다. 이렇게 되면 아빠와 아이와의 관계, 그리고 아빠의 역할은 제한적이게 된다. 또한 부부가 함께 살아도 불화가 심하거나 서로에 대한 분노가 많고 부정적인 상호작용이 높아지게 되면, 아버지의 양육참여는 줄어든다. 이렇게 부모의 갈등은 이혼을 했는가, 같이 살고 있는가에 상관없이 아이와 아버지 역할에 좋지 않다.

최근 부부갈등과 자녀의 성장발달의 연관성에 대한 이론은 부부갈등이 아이에게 미치는 부정적인 영향을 넘어 어떤 과정을 통해서 부정적인가를 규명했다는 점에서 우리에게 도움을 준다. 이러한 이론과 연구결과들은 부부가 어떻게 갈등을 해결하고 어떻게 싸우는 것이 자녀에게 끼치는 부정적인 영향을 줄일 수 있는지를 보여준다.

서구에서 부부갈등과 자녀의 성장발달의 연관성에 대해 각광받고 있는 이론 중의 하나는 '정서안정성 이론emotional security theory'

104

이다. 미국 노트르담대학교의 가족심리학자인 마크 커밍스Mark Cummings 교수와 연구팀은 이론에 기초해 부부의 불화가 자녀의 심리와 행동 등에 어떻게 장기적으로 영향을 미치는지를 설명했다.[102]

부모가 지속적으로 불화 상태에 있거나 파괴적으로 싸울 때, 자녀는 정서적으로 위협을 느끼고 불안정해진다. 아이들은 위협을 느끼면 불안을 낮추고 안정을 찾기 위해 다양한 행동과 태도를 취한다. 부모에게 다가가서 싸우지 말라고 하거나, 크게 울거나, 자기 방에서 싸우는 소리를 듣지 않으려고 음악을 듣거나, 비디오게임을 하거나, 집을 나가는 행동 등을 취한다.

자녀가 이런 행동을 할 때 부모는 여러 반응을 보이는데, 싸움을 멈출 수도 있고, 조용히 하라면서 더 싸울 수도 있고, 아이의 행동에 전혀 상관하지 않을 수도 있다. 물론 아이들의 행동이 부모의 싸움을 멈추게 하거나 강도를 낮추게 하는 등 어느 정도는 영향을 줄 수 있다. 그런데 부모가 싸움의 강도를 낮추는 것은 자녀의 감정을 일시적으로 안정시킬 수는 있지만, 아이들이 지속되는 부모의 갈등에 노출되면 매우 민감해지고 긴장과 불안을 경험하게 되면서 이런 감정상태가 자녀에게 내재하게 된다. 그리고 갈등이 잘 해결되지 않고 싸움을 끝내는 경우 그 문제로 인해 부부는 반복적으로 또 싸우게 된다. 그러면 아이들은 "또 똑같은 문제로 싸운다." "맨날 또 그래." "또 시작이야."라고 하면서 지속적으로 불안과 분노를 느낀다. 이러한 과정이 반복되면 아이는 부정적인 행동양식과 정서적 반응이 반복적으로 나타나게 되고, 이는 아이의 인성을 부정적으로 형성하게 되는 결과를 낳는다.

## 부성이 꼭 대물림되는
## 것은 아니다

많은 사람들은 흔히 부성이 대물림된다고 생각한다. 폭력을 쓰거나 심한 비난을 일삼는 아버지 밑에서 자란 남성은 그와 비슷한 아버지가 되고, 좋은 아버지 밑에서 자란 남성은 좋은 아버지가 된다고 여기는 것이다. 이러한 부성의 대물림에 대한 생각들은 필자가 연구를 위해서 인터뷰를 했던 남성들에게도 어느 정도 나타났다. 그리고 부성에 대한 연구에서도 일정 정도 대물림이 일어난다는 것이 발견되고 있다.

그러나 부성이 항상 대물림되는 것은 아니다. 힘들게 한 아버지 밑에서 자란 남성들이 반드시 그 아버지를 닮는 것은 아니기 때문이다. 어렸을 때의 힘든 가족 환경이나 부모의 영향을 극복하고 운명을 개척해간 사람들의 사례를 자주 접할 수 있는 것도 바로 이 때문이다.

하지만 이 영역의 연구들이 어느 정도 축적되었음에도 불구하고, 어떤 과정을 통해서 부정적인 양육을 경험한 남성들이 이를 극복하고 좋은 아버지가 되는지, 혹은 극복하지 못하는지에 대한 연구는 더 많이 필요하다. 이러한 과정을 규명하려는 학자들의 노력이 부정적인 양육을 경험한 남성들이 이를 극복하고 좋은 아버지가 될 수 있도록 도와줄 것이다.

필자는 아버지와의 관계가 소원하거나 어렸을 때 아버지의 양육에 불만이 있는 남성들이 있다면 아버지를 용서할 것을 제안한다. 특히 어떤 힘든 감정(분노, 실망감, 미움 등)을 느꼈었는지 생각해보고, 편지나 글을 통해 표현해보는 시도를 해보기 바란다. 사실 어려운 감정들이 잘 해결되지 않은 경우 아내나 자녀에게 그 감정들이 표출될 수 있다.

좋은 아버지가 되고 싶은데 잘 되지 않거나, 지금보다 더 좋은 아버지가 되기를 원하는 남성들은 아내와 가족과의 갈등에 대해 다시 한 번 생각해보는 기회를 갖기 바란다.

# 서로가 너무 소중해 싸우는 부부

·

부부 간에 관계가 소원해지고 힘들어지는 이유는 무엇일까?
갈등과 불화에 갇힌 부부들이 어떻게 하면 갈등을 줄일 수 있을까?

·

 "우리는 정말 성격이 너무 안 맞아요."

"어쩌면 이렇게 나를 이해해주지 못하는지 정말 미칠 것 같습니다. 우리는 싸우지 않고 넘어가는 날이 없어요. 아내가 없어지거나 누가 아내를 죽여줬으면 좋겠어요."

"부모님 일로 우리는 너무 자주 싸웁니다. 아내가 부모님께 좀 져주면 안 되는 겁니까? 저희는 명절이 되면 더 싸워요. 이혼하고 싶은 마음이 확확 올라옵니다."

"저는 그저 돈을 벌어오는 기계 같습니다. 집에 가도 늘 외로워요.

아이들은 중학생이 되면서 공부한다고 바쁘고, 아내는 제가 무슨 말을 해도 퉁명스럽게 대답해요. 이제는 서로가 외로운 것을 그런가보다 하고 살아요. 지금 와서 어떻게 하겠습니까? 그냥 이렇게 사는 거죠."

필자는 남성들과의 인터뷰에서 아내와 친밀감이 사라져 외로움과 절망감을 느끼고, 너무 멀어지고 단절되어 상처받을까봐 다가가지 못하고 고통받는 남성들의 마음을 느낄 수 있었다. 너무도 사랑했던 두 사람인데 언제부터인가 서로의 마음을 잘 몰라주고, 힘들 때 위로와 안식이 되어주지 못한다. 상처를 주는 말과 행동은 꼬리에 꼬리를 물고 부정적인 상호작용이 반복된다. 사실 이렇게 되기까지 두 사람은 관계를 회복하고 문제를 해결하기 위해 '사투'라고 표현할 만큼 수많은 시도들을 해왔을 것이다. 하지만 노력은 그때뿐, 노력하면 할수록 관계는 더 소원해지는 것 같다. 고통스러운 부부관계를 받아들이기 위해 결국 두 사람은 성격 차이, 시댁이나 친정 문제, 경제적 문제, 상대방의 이기적 행동 등으로 문제의 원인을 돌리기도 한다. 고통이 심해질수록 배우자를 잘못 선택했다고 여기며, 더 맞는 사람을 만났더라면 이런 문제는 없었을 것이라고 생각하게 된다.

그런데 정말 이런 차이나 문제가 두 사람을 멀어지게 하는 근본적인 원인일까? 관계가 소원해지고 힘들어지는 이유는 무엇일까? 갈등과 불화에 갇힌 부부들이 다시 친밀하고 따스한 관계를 회복할 수 있을까?

사랑과 성인애착에 대해 심층적으로 연구하고 부부들을 치료해온 학자들과 치료사들은 일반적으로 부부문제의 원인이라고 여기는 '차이나 문제'가 근본적인 원인이 아니라는 것을 규명해왔다. 미국 알리안트국제대학교 석좌교수이자 캐나다 오타와대학교의 심리학자인 수잔 존슨Susan Johnson 교수에 따르면, 부부갈등은 가장 소중한 사람에게 소중하다는 느낌을 받지 못하고 그(녀)와 친밀하고 싶은 욕구가 채워지지 않아 정서적으로 단절되는 것이 표면적으로 나타나는 현상이다.[103]

다시 말해 사랑하는 사람과 친밀하고 가까이 있고 싶어하는 욕구가 채워지지 못하고, 위로나 지지를 받기 위해 그(그녀)에게 두려움 없이 다가갈 수 없게 되면 두 사람은 반응을 얻어내기 위해 매달리거나 반대로 상처받지 않기 위해 도망간다. 결국 부부갈등은 두 사람이 친밀해지고 사랑받기 위해 벌이는 일종의 '항의protest'라고 수잔 존슨 교수는 강조한다.

성인애착이론과 정서중심적 부부치료의 관점에서 부부갈등은 상대방이 이기적이거나 인격과 성격에 문제가 있어서, 혹은 배우자의 가족이 비정상이라서 나타나는 것이 아니다. 애착의 관점에서 갈등은 인간 본연의 애착 욕구를 충족시키고 가장 소중한 사람과 친밀해지기 위해 두 사람이 벌이는 사투다. 그리고 아내나 남편이 분노, 항의, 비난, 철수, 매달림 등을 보일 때 이는 상대방을 공격하거나 이기려는 행동이 아니라 이 세상에서 가장 소중한 사람과의 관계를 회복하려는 필사적인 노력인 것이다. 인간은 사랑하는 사람에게 소중하다는 느낌을 받지 못하면 자신을 못난 사람으로 느끼거나 매일을 힘차게 살아가는 것이 힘들어진다. 그리고 이를 다양한 형태로 표현한다.

그렇다면 부부문제를 보다 근본적으로 접근하고, 애착의 관점에서 부부관계를 이해한다는 것은 무엇인가?


# 사랑하는 사람과의
# 애착과 정서적 연합


친밀함을 간구하고 애착대상을 찾는 것은 인간의 기본적인 욕구다. 아이들에게는 자신들을 입혀주고, 먹여주고, 돌봐주고, 보호해주고, 또 정서적으로 잘 반응해주는 대상이 필요하듯이, 성인들에게도 이런 애착대상이 절대적으로 필요하다. 우리는 힘들고 기쁠 때 거절에 대한 두려움 없이 사랑하는 사람에게 다가가서 내 마음을 말하고 싶어하고, 내 마음을 보였을 때 비난이나 무시가 아닌 위안과 지지를 받기 원한다. 또한 사랑하는 사람이 내 곁에 있어주길 바라며, 그(그녀)에게 가치 있고 소중한 사람이고 싶어한다. 비록 어른이 되면 힘들고 어려울 때 위로나 정서적인 지지 없이

아이들에게는 자신들을 입혀주고, 먹여주고, 돌봐주고, 보호해주고,
또 정서적으로 잘 반응해주는 대상이 필요하듯이,
성인들에게도 이런 애착대상이 절대적으로 필요하다.

도 잘 견뎌야 한다고 사회화되었지만, 애착 욕구는 우리가 생을 마감하는 그 날까지 우리에게 존재한다.

친밀감과 애착대상을 갈구하는 욕구는 우리가 먹고 잠자고 생리적 현상을 해결하는 욕구처럼 생존에 필수적이다.[104] 우리가 제대로 먹지 못하면 건강하지 못하고 하루하루를 사는 것이 힘들듯이, 사랑하는 사람에게 지지받지 못하고 거절당하며 소중하다는 느낌을 못 받으면 우리 삶은 피폐해진다. 사랑하는 사람과의 안정적인 애착과 정서적 연합은 우리 자신에 대한 긍정적인 자아상을 갖게 해주고,[105] 자신감과 유연성을 길러주며, 목표를 쉽게 달성할 수 있게 해주고 타인을 긍정적으로 평가하게 해준다.[106] 그리고 부부가 연합하고 공감할 때 우리 몸에서는 옥시토신이나 바소프레신과 같은 '포옹 호르몬cuddle hormone'이 분비되는데, 이는 우리에게 친밀감을 느끼게 하고 애착을 증진시키며 스트레스 호르몬의 분비를 감소시킨다(우리가 오르가즘에 도달할 때, 아이에게 젖을 먹일 때, 연인과 스킨십을 할 때 기분이 좋은 것은 우리 몸에서 옥시토신이 분비되기 때문이다).

사랑하는 사람과의 연합은 건강과 밀접한 연관이 있다. 이것은 다양한 연구들에서 입증되었는데, 이 중 미국 버지니아대학교의 심리학자 짐 코앤James Coan 교수와 위스콘신대학교의 심리학자인 힐러리 쉐퍼Hilary Schaefer 교수·리처드 데이비슨Richard Davidson 교수가 수행했던 연구[107]가 흥미롭다. 이들은 만족스러운 결혼생활을 하는 여성들을 기능성자기공명영상fMRI 기계에 들어가게 한 후 경미한 전기 충격을 가했는데, 그 순간에 남편의 손과 전혀 모르는 사람의 손을 잡게 했고, 마지막으로 아무것도 잡지 않게 했다. 실험 결과 여성들이 남편의 손을 잡았을 때, 모르는 사람의 손을 잡거나 아무 손도 잡지 않았을 때보다 뇌의 감정과 위협을 조절하는 영역이 활성화되었다. 그리고 스트레스 반응을 지지하는 뇌 영역에서 신경의 완화가 크게 나타났다. 이러한 연구결과는 스트레스를 받는 상황에서 애착대상이 위로의 원천이 된다는 것을 보여준다.

또한 따스하고 긍정적인 관계에 있는 연인이나 부부는 그렇지 않은 연인이나 부부에 비해 스트레스 상황에서 혈압수치가 낮고, 심장박동수치가 높은 것으로 나타났다.[108] 미국 노스캐롤라이나대학교 의과대학의 생물심리학자 카렌 그레웬Karen Grewen 교수와 동료들은 동거나 결혼 상태에 있는 184명의 남녀를 대상으로 연구를 수행했는데, 먼저 연구 참여자들을 두 집단으로 나누었다. 한 그룹은 '따스한 접촉 집단'으로 연인이나 배우자와 따스한 행동(연인이나 배우자와 10분 정도 영화를 보는 동안 손을 잡고 있고, 이후 20초 정도 포옹을 함)을 하라고 지시받았고, 다른 집단은 '무 접촉 집단'으로 이들은 연인이나 배우자 없이 혼자 있으라고 지시받았다. 이 후 두 집단에 속한 남녀 모두에게 최근에 분노나 스트레스를 유발시켰던 상황을 기억하게 해 그 상황에 대해 약 3분 정도 표현하라고 했고, 이를 녹음한 후 다시 이들에게 들려주었다. 연구자들은 연구 참여자들이 스트레스 상황에 대해 표현하는 동안과 녹음된 것을 듣는 동안 이들의 혈압과 심장박동수를 측정했다. 이 연구에서 '따스한 접촉 집단'은 '무 접촉 집단'에 비해 최고 혈압수치와 최저혈압수치가 낮았고, 심장박동수가 높게 나타났다. 이 연구는 연인이나 부부 간의 애정적이고 지지적인 상호작용이 심장 혈관 스트레스에 갖는 영향을 규명함으로써 관계가 건강에 미치는 중요성을 보여주었다.

## 우리 부부는 얼마나 안전하게 연결되어 있는가?

　　수잔 존슨 교수는 애착의 시각에서 부부들이 얼마나 유대감이 있고 안전하게 결합되어 있는지를 측정할 수 있는 질문지를 개발했다. 이 책을 읽는 독자들도 한 번 시도해보기 바란다. 다음 페이지의 질문들은 수잔 존슨 교수의 저서 『날 꼬옥 안아 줘요(Hold me tight: seven conversations for a lifetime of love)』에 수록된 것이다.

　각 문항을 읽고 사실이면 "예", 다르면 "아니오"에 표시한다. "예"라고 답한 문항을 1점으로 계산한다. 모든 설문의 결과는 자신의 관계에 반영할 수 있다. 총점이 7점 이상이면 부부가 비교적 안전하게 결합된 것으로 보며, 총점이 7점보다 낮으면 부부결합을 강화할 수 있는 시도를 할 것을 제안한다.

## I. 배우자는 당신에게 쉽게 접근하는 편인가요?

| 1 | 나는 배우자의 관심을 받는 것이 쉽다. | 예 | 아니오 |
|---|---|---|---|
| 2 | 배우자는 정서적으로 결합되기 쉬운 사람이다.<br>(배우자는 내가 어떤 감정을 느끼는지 알고 잘 반응해준다.) | 예 | 아니오 |
| 3 | 배우자는 내가 그/그녀에게 최우선이라는 말을 해준다. | 예 | 아니오 |
| 4 | 나는 지금 외롭지 않고 부부관계는 멀어져 있지 않다. | 예 | 아니오 |
| 5 | 나는 배우자의 마음을 쉽게 나눌 수 있다. 그/그녀는 내 말을 경청해준다. | 예 | 아니오 |

## II. 배우자는 당신에게 쉽게 반응하는 편인가요?

| 1 | 내가 유대와 위로가 필요할 때, 그/그녀는 위로해줄 것이다. | 예 | 아니오 |
|---|---|---|---|
| 2 | 배우자에게 가까이 와달라고 하면 그/그녀는 다가와줄 것이다. | 예 | 아니오 |
| 3 | 나는 불안하고 불확실할 때 배우자에게 기댈 수 있다. | 예 | 아니오 |
| 4 | 우리가 싸우거나 서로 의견이 다를 때조차도 내가 배우자에게 중요한 사람임을 알 수 있고, 우리는 자신의 감정을 나눌 수 있다. | 예 | 아니오 |
| 5 | 나는 배우자의 위로가 필요할 때 쉽게 위로받을 수 있다. | 예 | 아니오 |

### Ⅲ. 당신은 배우자와 긍정적으로 정서적인 교감을 나누고 있습니까?

| | | | |
|---|---|---|---|
| 1 | 나는 배우자를 가까이 두고 신뢰하는 것을 아주 편안하게 느낀다. | 예 | 아니오 |
| 2 | 나는 모든 부분에서 배우자를 신뢰할 수 있다. | 예 | 아니오 |
| 3 | 우리 부부는 떨어져 있어도 서로 연결되어 있다는 확신이 있다. | 예 | 아니오 |
| 4 | 나는 배우자가 나의 기쁨, 상처, 두려움에 관심을 갖고 있다는 것을 알고 있다. | 예 | 아니오 |
| 5 | 나는 배우자와 위험을 감수할 수 있을 정도로 정서적으로 안전감을 느낀다. | 예 | 아니오 |

# 부부 간 정서적 단절과
# 유대감의 약화

그런데 부부는 왜 멀어지고, 심각한 경우 서로 대면하는 것조차 괴로운 정서적 단절을 겪는 것일까? 정서 중심적 부부치료의 관점에서는 사실 부부가 마음을 편안하게 열고 다가갈 수 있다는 안전감을 느끼고, 서로의 마음을 잘 알아주고 곁에 있어주면서 잘 반응해주는 안정적인 상태에 있다면 두 사람 사이에 갈등이 심한 순간이 오더라도 관계는 금방 회복될 수 있다. 하지만 두 사람 간의 거리감이 멀고, 한 사람은 상처받을지도 모른다는 두려움으로 다가가지 못해서 위축되어 있거나 다른 한 사람은 위안을 받기 위해 분노하고 매달리는 연쇄적인 반응이 지속되면 부부는 소위 '부정적인 고리'에 갇히게 된다.[109]

대부분의 남성들은 싸움이 격해지면 자신을 보호하고 진정시키기 위해 위축되고 침묵하면서 관계에서 철수하는 경향이 있다. 반면 여성들은 문제가 해결될 때까지 대화를 해야 한다고 남편에게 매달리는 경우가 많다.[110] 수잔 존슨 교수는 일반적으로 남성들의 이런 행동은 갈등 상황에서 더이상 상처받는 것을 원하지 않고 침묵을 통해 이 상황을 통제하고 싶어한다는 것을 의미하며, 여성들의 행동은 남편이 함께 있어 주길 바라고 남편에게 주목받길 원한다는 의미라고 말한다.

그런데 이렇게 반복되는 부정적인 고리는 사실 큰 사건(외도 등)으로 생기기도 하지만, 살면서 상대방이 자신의 마음을 몰라주고 애착 욕구를 충족시키지 못하는 작은 순간들이 지속되면서 의심과 두려움이 쌓이게 되어 나타난다. 필자는 요즘 연예인들이나 입담이 좋은 분들이 TV 프로그램에 출연해 자신들의 부부관계에 대해 이야기하는 것을 자주 본다. 그들의 이야기를 들어보면 몇 가지 공통점들이 있는데, 그 중 대표적인 것이 부부관계에서 갖는 애착 욕구다. 이것은 사실 결혼한 사람들 모두에게 해당되는 이야기다. 출연자들은 방송에서 배우자에게 위로받지 못해서 섭섭함을 느꼈던 순간들이나 배우자가 마음을 몰라줘 화가 많이 나서 마음을 닫기도 했던 순간들, 더 상처받지 않기 위해 이런 저런 대응·행동을 했다는 이야기를 재미있게 하곤 한다.

흥미롭게도 남자 출연자들은 부부싸움을 할 때 자신들은 다 잊었던 것들을 아내들이 속속들이 다 기억하고 들춰내어 자신들을 힘들게 한다고 말한다. 기억력이 좋은 아내들에게 질린다는 것이다. 하지만 남편들도 아내들처럼 속속들이는 아니지만, 아내가 자신의 마음을 몰라주고 곁에 있어주지 못했던 특정 상황들을 재미있게 이야기하면서, 그 이후 자신이 아내한테 대하는 태도가 어느 정도 변했다는 이야기를 한다. "내가 돈을 그렇게 열심히 버는데 아내는 아침에 밥도 잘 차려주지 않고 잠만 자고 있어요. 그러면 정말 일을 열심히 하고 싶은 생각이 싹 달아나요!" "저는 남편이 너무 무뚝뚝해서 위로받는 것은 아예 포기했어요. 이제는 남편이 아니라 자상한 아들한테 위로받기로 했어요." "산다는 게 다 그렇지요. 그 일이 있은 후부터는 남편한테 잔소리 안 하고 제가 그냥 참고 살아요."


## 우리는 부정적인 고리에 갇혀 있는가?

부부가 친밀하고 정서적으로 안정적인 유대관계를 맺길 원한다면, 먼저 부정적인 고리에 갇혀 있는 것은 아닌지 살펴보아야 한다.[111] 우리는 흔히 상대방의 행동에만 집중한 나머지나 자신도 부정적인 고리를 만들어내고 있고, 이에 두 사람이 모두 갇혀 있다는 것을 망각한다. 그러므로 자신이 싸워서 이겨야 할 대상은 배우자가 아니라 부정적인 고리임을 깨닫고, 함께 고리를 약화시키려는 노력이 필요하다.

먼저 두 사람이 어떤 갈등의 고리에 갇혀 있는지 확인해야 한다. 수잔 존슨 교수는 갈등의 유형을 다음과 같이 분류했다.[112]

**나쁜 사람 찾기 유형:** 부부 둘 다 비난하는 관계

**항의 유형:** 부부 중 한 사람은 비난하고, 다른 사람은 침묵하는 관계

**회피 유형:** 부부 둘 다 침묵하는 관계

그런데 기억할 것은 이런 부정적인 고리의 형태는 고정적인 것이 아니다. 예를 들어 초기에는 부부가 비난-비난형일 수 있고, 시간이 지나서 이 유형이 나타나거나 혹은 다른 유형으로 싸움의 유형이 변화하기도 한다. 그러므로 부부갈등의 유형이 어떻게 변화되고 있는지를 파악하는 것도 관계 회복에 도움이 된다.

두 사람의 유형을 파악하려면 먼저 특정한 사건이나 계기를 떠올리는 것으로 시작할 수 있다. 아주 오래 전에 일어났던 사건이나 최근의 사건들 중 생각하면 상대방에 대해 섭섭함, 분노, 실망, 무시됨, 절망감 등의 힘든 감정이 올라오는 한 사건을 기억해보라. 예를

들어 아내가 집에서 혼자 아이를 돌보는 것이 너무 힘들어 남편이 쉬는 날에 아이 우유병을 소독하고 기저귀를 사오라고 했는데, 남편은 그것을 지키지 않았다. 그때 마침 시아버지가 남편에게 전화를 했고, 시아버지의 부름으로 남편은 시부모님 댁으로 달려갔다. 아내는 이 상황에서 많은 감정들을 느꼈을 것이고, 마음이 많이 상했을 경우 이후의 상호작용과 서로가 느끼는 감정에 지대한 영향을 미쳤을 것이다.

지금부터 각 유형별 특징에 대해 살펴보도록 하겠다.

## 나쁜 사람 찾기 :
## '비난-비난'형

수잔 존슨 교수에 의하면,[113] 나쁜 사람 찾기는 자기를 보호하는 것이 주된 목적이다. 부부는 서로 공격하고 비난하고 지적한다. 싸울 때 상처를 받게 되면 더 공격적이 되고, 각자의 감정을 통제하는 것은 어려워지며, 정서적인 안정감을 잃게 된다. 그리고 모든 문제는 상대방이 잘못해서 발생하는 것이라고 생각한다. 사실 우리가 상처를 받고 공포심을 느끼면 무언가를 붙들고 싶어 하는데, 그것이 상대방에 대한 강한 비난이다. G씨와 G씨 아내는 비난-비난형으로, 부부는 어떤 문제로 싸움을 시작했는지 잊고

자신이 싸워서 이겨야 할 대상은 배우자가 아니라
부정적인 고리임을 깨닫고,
함께 고리를 약화시키려는 노력이 필요하다.

비난의 강도를 높이면서 서로를 압박한다.

> **아내** 양말 좀 빨래 통에 넣으면 안돼? 내가 그렇게 말했는데, 양말을 아직까지도 방에다 벗어놔? 정말 지겨워 죽겠어.
>
> **남편** 뭐 그게 대단한 거라고 늘 잔소리야. 간단한 건데 당신이 넣으면 되잖아.
>
> **아내** 나는 당신이 집안일을 대수롭게 생각하지 않아서 너무 화가 나. 당신한테는 아무 일도 아닌 것 같지만, 매일 하는 나는 얼마나 짜증나는지 알아?
>
> **남편** 밖에서 일하는 게 얼마나 힘든지 알아? 제발 그냥 넘어가자!
>
> **아내** 나는 노는 사람이야? 나도 시간제로 일하잖아. 일하면서 어린 아이 둘 키우는 게 얼마나 힘든지 알아? 당신은 당신 힘든 것만 알아달라고 하고 당신밖에 몰라. 당신은 내 고통 몰라. 정말 너무해.
>
> **남편** 당신은 가장으로서 내가 느끼는 중압감이 어떤 건지 몰라! 내가 돈을 못 벌면 당신하고 아이들이 먹고 살 수가 없잖아. 왜 내 마음을 그렇게도 몰라. 제발 나한테 뭐라고 그러지 마!

공격을 심하게 받은 부부는 배우자를 안전하지 않은 위협적인 사람으로 인식하게 되는데, 둘은 서로 경계하다가 상대방이 공격해오면 바로 반격한다. 이런 꼬리에 꼬리를 무는 대화는 부정적인 대화

방식을 만들어내고, 이런 상태가 지속되면 부부는 크게 상처를 받아 부부관계를 회복하려는 노력을 포기하게 된다. 결국 부부는 다른 상호작용도 줄이고, 둘 사이의 유대는 아주 약해진다.

최근의 신경과학의 연구결과는 비난과 경멸이 우리가 생각하는 것 이상으로 우리의 신체 및 정신건강을 심각하게 위협하고 손상시킨다는 것을 규명하고 있다. 하버드대학교의 심리학자 질 홀리 Jill Hooley 교수는 사랑하는 사람으로부터의 비난과 적대적인 표현이 얼마나 우리를 아프게 하는지 보여주고 있다.[114] 우울증으로 몇 번이나 입원을 한 환자들은 매우 비판적이고 자신을 인정해주지 않는 부모나 친지들과 함께 살 경우 우울증의 재발률이 매우 높아진다. 사랑하는 사람으로부터의 비난은 우리 모두의 마음에 있는 거절과 무시에 대한 두려움에 경보를 울리면서 우리가 정서적으로 안정되고 정신적으로 평정심을 갖지 못하게 한다는 것을 알려준다.

부정적인 대화를 멈추기 위해서는 두 사람이 서로를 문제나 결점이 있는 나쁜 사람으로 인식하는 것을 그만두고, 서로 공격하는 대화방식이 잘못되었다는 것을 깨달아야 한다. 싸우는 대상이 배우자가 아니라 두 사람이 만드는 '부정적인 대화방식과 고리'이고, 이것을 부부의 '공공의 적'으로 여겨 부부는 '부정적 고리의 희생양'으로 인식할 때 부부는 갈등에서 좀더 쉽게 빠져나올 수 있다.

더 중요한 것은 부정적인 고리에서 빠져나오지 못할 때 내가 상대방으로 인해 힘들다는 것뿐 아니라 상대방을 힘들게 한다는 것을 볼 수 있으면 갈등은 서서히 약화될 수 있다.[115] 당신이 배우자에게 공격을 받았을 때 상처받고 분노하며 절망감이 드는 것처럼, 당신이 배우자를 비난하고 공격했을 때 배우자도 이런 느낌으로 힘들다는 것을 아는가? 싸우는 과정에서 서로 이기려고 하지만, 이렇게 싸우다 보면 결국 부정적인 반응과 감정만 더 커져서 더 힘들어지고 결국 외로움이나 패배감을 느끼게 된다.

싸우는 과정은 두 사람 모두에게 상처와 아픔을 준다. 나는 나만 아프고 힘들다고 생각하고 상대방이 나를 자극한다고 여기지만, 나도 상대방을 아프게 했기 때문에 두 사람에게는 이런 싸움의 패턴이 나타나는 것이다.

비난을 받을 때 느꼈던 두려움, 위협, 무능력감 등을 상대방에게 표현하고, 마음이 아프다는 것을 말하게 되면 상대방도 자신이 비난하는 순간 매우 힘들고 절망적이 된다는 것을 수용하고 표현할 수 있게 된다. 이런 과정에서 서로가 느꼈던 감정을 인정해주는 것이 필요하다. 예를 들어 "너무 고통스러웠어."라고 말할 때 "그랬었구나."라고 공감하고 인정하면서 부정적인 고리는 약화되기 시작한다.

# 항의하기:
## '비난 – 위축'형

수잔 존슨 교수에 의하면[116] '항의하기'는 한 배우자가 매달리며 부정적으로 다가가면, 다른 배우자가 물러서고 침묵하며 관계에서 철수하는 유형이다. 사랑하는 사람이 반응이 없다면 상대방은 반응을 얻기 위해 필사적인 항의를 하면서 공격하고 비난한다. 이런 상황에서 배우자는 점점 위축되며, 부부는 서로가 상의하고 있다는 것을 깨닫지 못하고 소통을 잘 못한다거나 배우자가 문제가 많다고 하면서 불만이 높아져간다.

"아내가 저를 제발 그만 좀 놔뒀으면 좋겠습니다. 정말 미칠 것 같아요. 저는 아내가 이번 달에 재정이 빡빡해서 힘들다고 말할 때마다 제가 무능력한 것 같아요. 아내는 돈 걱정을 많이 해서 제가 동료들과 술을 먹느라고 쓰는 돈에 대해서 얼마나 쪼아대는지 몰라요. 저도 사회 생활하는데 이 정도의 비상금은 있어야 하지 않습니까? 그런데 늦게 들어온다, 아이들 교육비 걱정 안 하고 술이나 마시고 다닌다고 말하면 정말 힘이 다 빠집니다. 아내는 툭하면 저에게 지적질을 해요. 아내가 저를 몰아세우기 시작하면 아내와 말하기 싫어서 다른 방에 들어가서 TV를 봐요. 그런데 제가 방으로 들어가버리면 아내가 따라 들어와서 자신을 무시한다고 말하면서 할 말이 많이 남았는데 왜 들어가냐며 저를 쫓아다니면서 비난해요.

부정적인 대화를 멈추기 위해서는 두 사람이 서로를
문제나 결점이 있는 나쁜 사람으로 인식하는 것을 그만두고,
서로 공격하는 대화방식이 잘못되었다는 것을 깨달아야 한다.

저는 무능하다는 생각이 들어서 숨는 건데, 아내는 무시한다고 생각해요. 정말 미칠 노릇입니다."

서로의 마음을 이해하지 못하고 결합되지 못하면 부부는 서로를 안전한 대상으로 느끼지 못하고 도망가고 따라가는 고리에 갇히게 된다. 부부는 비난하고 도망가는 행동의 부정적인 고리를 약화시키기 위해 먼저 이러한 행동 이면에 있는 감정들이 무엇인지를 이해하는 것으로 시작할 수 있다. 부부가 기억해야 할 것은 항의하는 배우자는 공격하기 위해서가 아니라 그 마음 깊은 곳에 '당신은 나에게 소중한 사람이야. 그리고 나는 당신에게 소중한 사람이라는 것을 느끼고 싶어. 당신의 반응을 얻고 싶어. 제발 나를 밀어내지 말아줘요. 당신이 침묵하고 도망가는 것을 참기 어려워.' 등의 감정을 느낀다는 점이다.

반면 도망치는 배우자의 마음속에는 '내가 또 잘못 이야기해서 배우자를 자극해 문제가 더 커지면 어떻게 하지?' '나는 그(그녀)가 잠잠해지기를 기다려야겠다.' '그(그녀)는 아이들과 자기 일밖에 모르고, 저는 안중에도 없는 것 같아요.' '저는 이만하면 관계가 괜찮은 것 같은데, 그(그녀)는 왜 그리도 친밀함을 원하는지 모르겠어요.' 등의 감정이 있다.

하지만 무엇보다도 중요한 것은 본인의 비난하거나 위축된 행동이 상대방에게 어떤 영향을 주고 얼마나 큰 고통을 주는지를 볼 수 있게 될 때 나의 아픔뿐 아니라 상대방의 아픔을 볼 수 있게 된다. 내가 상대방으로 인해 힘들어서 하게 된 행동은 사실 상대방에게 아픔을 준다. 위축형의 경우에도 부정적인 고리가 서로에게 주는 영향을 깨달을 때 고리는 약화될 수 있는데, 먼저 논쟁하고 싸우는 내용에만 초점을 맞추게 되면 관계가 좋아질 수 없다는 것을 알아야 한다. "왜 나를 힘들게 하고 비난해!"라고 하면서 특정한 행동에 집중하게 되면 문제는 해결될 수 없다.

도망가는 배우자는 자신의 침묵과 위축된 행동이 상대방에게 외로움을 크게 느끼게 하고, 소외감을 낳는다는 것을 알기 바란다. 그리고 항의하고 매달리는 배우자는 비난하고 주장을 강하게 하는 나머지 상대방이 마음을 열고 대화하려는 것을 막는다는 것을 알아야 한다. 또한 도망가는 배우자는 단절되어서 매달리는 배우자의 행동이 공격이나 나를 괴롭히려는 행동이 아니라 관계를 다시 회복시키기 위한 사투였다는 것도 이해해야 한다. 이렇게 되면 배우자가 적이 아니라는 것을 깨닫게 된다.

이렇듯 행동 자체가 아니라 행동이 애착의 관점에서 갖는 의미를 이해하게 될 때, 부부는 서로가 느끼는 감정을 설명하고 표현할 수 있다. "나는 당신이 나를 비난할 때, 무기력감을 너무 느껴서 가장으로서 숨고 싶었어. 나는 내가 조용하면 문제가 해결될 거라고 생각했는데, 당신이 내가 도망갔기 때문에 얼마나 외롭고 소외감을 느꼈을지 이제야 알게 되었어." 이렇게 상대방의 감정에 대한 공감과 이해는 부정적인 고리를 약화시킨다.

자신의 감정을 표현하고 상대방의 감정을 이해하는 데 있어, 남성들은 자신이 어떤 감정을 느끼는지도 잘 모를 때가 많다. 남자가 전통적으로 감정을 표현하는 것이 바람직하지 않다고 여겨진 유교 사회에서 남성들은 자신이 구체적으로 어떤 감정을 느끼는지 알기 위해서 배우자가 "그때 느낌이 어땠어?"라고 계속 물어봐주면서 보듬어주는 것이 필요하다.

이렇게 사회적으로 남성들에게 감정 표출의 억제가 요구되었지만, 분노 표출은 용납되어왔다는 사실은 남성들이 절망과 슬픔, 실망 등의 부정적인 감정들을 인식하거나 건강하게 표현하지 못하는 치명적인 결과를 낳았다. 그러므로 남성들의 분노의 이면에는 해결되지 않은 슬픔과 절망, 아픔이 있을 가능성이 높다는 것을 이해해야 한다.[117]


## 회피하기:
## '위축 – 위축'형

어떤 부부들은 아주 쿨하게 산다. 서로가 힘들게 해도 그다지 크게 싸우거나 반응하지 않고, 심할 경우 냉담하고 냉랭하며 회피한다. 하지만 부부들은 서로의 관계에서 긴장감과 부정적인 기류가 흐르고 있다는 것을 안다. 이들은 예의를 차려서 대하

애착 욕구를 숨김없이 표현하고 냉랭하게 반응하는 것을 멈춘 후,
서로가 서로에게 소중한 사람이라는 것을 용기를 내어 표현하게 되면
부정적인 고리는 약화되기 시작한다.

거나 그다지 크게 싸우지도 않고, 적극적으로 관계를 좋게 하려는 노력도 하지 않는다.

이런 갈등 유형의 부부들이나 연인은 너무 상처받고 유대감이 상실되어서 관계가 회복될 수 없다고 생각해 다가가지도 않고 상대방을 차가운 사람이라고 생각한다. 이런 부부들에서 나타나는 핵심적인 정서는 '정서적 단절감과 절망감'이다. 더이상 거절당하고 상처받지 않기 위해서 자신의 애착 욕구를 숨기고 벽을 쌓아 자신을 배우자로부터 단절시키는 것이다.[118]

이러한 갈등 유형은 비난-위축의 부정적인 패턴을 보이던 부부 중 분노하고 비난하던 배우자가 위축된 배우자에게 결합되려는 시도를 끝없이 하다가 지쳐서 포기하면서 나타난다.[119] 두 사람은 사실 결합되기 위한 작은 시도들을 계속 해왔지만, 상대방이 노력을 감지하지 못하거나 퇴짜를 놓으면서 둘 사이는 점점 더 벌어지게 되었다. 이런 순간들이 지속되면 관계의 부정적인 패턴은 가속도가 붙어 결국 상대방을 '저 사람은 늘 그렇지.'라고 여기게 된다. 두 사람은 마음을 닫고 상호작용을 멈춘다. 예를 들어 두 사람은 꼭 해야 하는 말만 문자로 하고, 둘이 보내는 시간과 활동은 하지 않게 된다. 두 사람은 상대방에 대해 마음에 철벽을 친다.[120]

하지만 부부가 상대방의 문제 때문에 갈등하는 것이 아니라 두 사람의 상호작용을 통해 불화가 지속된다는 시각을 갖게 되면 갈등은 줄어들 수 있다. 이는 서로에게 냉랭하게 반응하는 것을 멈추게 할 수 있고, 또 서로가 서로에게 소중한 사람이라는 것을 조금씩 표현하면서 부정적인 고리는 약화된다.

당신과 당신의 아내는 부정적인 고리에 갇혀 있는가? 당신과 배우자는 어떤 유형의 부정적인 고리에 갇혀 있는가? 이렇듯 자신과 배우자가 갈등시 어떻게 반응하는가에 대한 이해는 상대방과 안정적으로 결합될 수 있는 기초를 마련해준다.

# 자신을
## 돌아보기

**1** — 나를 힘들게 했던 사건을 떠올려보고, 우리 부부는 어떤 유형인지 생각해
보자.

**2** — 내가 하는 행동과 태도는 아내를 어떻게 힘들게 한다고 생각하는가?

**3** — 싸울 때 서로를 적군처럼 보는 것을 피하기 위해 나는 아내의 행동과 감
정을 어떻게 이해하면 좋을까?

**4** — 아내가 도망가거나 비난할 때, 쫓아가거나 받아치는 것을 멈추고 그때 서
로가 어떤 감정을 느꼈는지 표현할 수 있는가? 감정을 표현했을 때 공감
하고 위로해줄 수 있는가?

# 아버지의 양육과 나의 아버지 역할

.

아버지로부터 부정적인 양육을 경험했던 남성들은 교육을 통해
부정적인 양육을 끊을 수 있었고, 나아가 자녀와 친밀한 아버지가 될 수 있었다.

.

필자는 남성이 아버지로 살아가는 과정은 많은 이들에게 아버지를 더 존경하게 되고 아버지가 살아오신 삶에 좀더 공감하게 되는 과정이 아닐까 생각한다. 필자가 연구를 위해 만났던 남성들은 특히 큰 시련을 겪거나 아이들에게 원하는 만큼 못 해주는 안타까운 상황이 오게 되었을 때 아버지를 더 많이 생각했다. 자신이 겪는 어려움을 아버지도 겪었을 것이고, 그럴 때 아버지는 어떤 마음이었을지, 또 그것을 잘 해결했던 아버지를 회상하면서 존경과 감사의 마음이 생기는 것이다. 이 남성들은 자신의 아버지와 같은 아

버지가 되기를 원하고, 나이가 들었을 때 아이들이 자신에게 좋은 아버지였었다는 그런 최고의 찬사를 듣고 싶어했다. 그들의 이야기를 들으면서 필자는 남성들이 아이를 낳고 아버지로 살아가는 삶이 자신의 아버지를 더 이해하고 수용하며 포용하게 되는 성숙의 과정이 아닐까 생각했다.

하지만 필자가 인터뷰를 했던 모든 남성들이 아버지와 관계가 좋았었거나 아버지의 양육방식에 만족하지는 않았다. 이 남성들은 아버지에게 상처를 심하게 받아 관계가 냉랭하거나 극단적인 경우 아버지와 단절되기도 했다. 그리고 과거에 아버지와의 극심한 갈등이 미해결되어 마음에 분노나 증오 등의 힘든 감정을 갖고 살아가고 있었다. 이들은 자라면서 아버지와는 정반대의 사람이 되고 싶었다고 말했고, 아버지가 된 이후 자신의 아버지와는 다른 삶을 살기 위해 애를 썼다.

그런데 이들에게 아버지와 다른 아버지가 되고 다른 삶을 사는 것은 그렇게 쉽지만은 않았던 것 같다. 46세의 L씨는 아버지에 대해 다음과 같이 회상했다.

"아버지가 저를 힘들게 할 때마다 저는 커서 절대로 아버지처럼 술 마시지 말아야지, 저 인간처럼 살지 말아야지 하고 다짐했어요. 아버지를 증오했고, 어렸을 때 아버지 앞에서 저라는 사람은 존재 자체가 없었어요. 심리적으론 아버지라는 존재가 어떤 억압이 되고 방해가 되고 폭력적인 존재로만 생각이 되었습니다. 제가 집에 있

남성들이 아버지와의 관계에 대해 생각해보고 혹 해결되지 않은
아픈 감정들에 대해 아버지에게 직간접적으로 표현하는 것은
자녀와의 관계에도 도움이 된다.

었던 것은 아버지에게 매를 맞지 않기 위해서였습니다. 자존심도 없고 정체성도 없었지요. 그런데 어느 순간에는 그 자체도 못 느껴지는 순간들이 오는 거예요.

제가 고등학교 2학년 때 가출을 했어요. 학교에서 집에 가는데 놀다보면 좀 늦을 수도 있는데, 집 마당에 들어서자마자 매를 맞기 시작했어요. 그래서 공부도 점점 안 하게 되었고, 결국 아버지가 마당에서 책을 다 태웠어요. 그때 저는 '더이상 이 집에 있으면 안 되겠다, 난 필요 없는 존재구나.'라고 생각했어요. 그런데 그렇게 느끼는 것 자체가 신기했어요. 그 전에는 제 자신에 대해 그렇게 생각도 못했는데 사실 쓸모없다는 것을 느꼈다는 것 자체가 신기했어요. 그리고 집을 무작정 나와서 서울로 올라왔어요. 서울에 중국집에서 일하는 친구가 있어서 거기로 갔는데 저희 어머니께서 거기 계셨어요. 제가 가출하고 이틀 정도 다른 곳에 있다가 왔는데, 어머니가 그 친구한테 연락을 받고 먼저 올라와 계셨던 거예요. 정말 어머니가 아니었음 안 돌아갔을 것 같아요.

다시 집으로 돌아갔지만 아버지와는 이야기도 안 했고, 어머니가 고등학교 때 자취를 권하셔서 타지에 나와 혼자 살았어요. 그 전에는 웃을 줄도 모르고 혼자 갇혀서 살았었는데, 집을 떠나 자취하면서 웃음이 생기고 사는 것에 재미를 느끼면서 좀 다르게 살게 되었어요.

그런데 아버지 교육을 받으면서 생각을 해보니 아버지처럼 엄하고 권위적인 모습이 저에게도 있다는 것을 알게 되었어요. 제가 아이들에게 하는 말투도 그렇고, 제 직업 특성상 꼭 모든 것들이 정돈되어 있어야 하는데 그렇지 않으면 아이들에게 엄청 혼을 내고 아이들과 아내에게 강요를 했어요. 아내와 아이들이 그런 저 때문에 너무 힘들었지만 제가 너무 무서우니까 말을 못했던 거죠."

그런데 필자가 연구를 위해 만났던 남성들에게 관찰되는 것은 아버지의 양육 방식과 아버지와의 관계가 어떻건 간에 이것이 현재 자신의 아버지 역할이나 좋은 아버지상에 작동하고 있다는 점이다. 하지만 그렇다고 아버지와의 관계나 아버지의 양육 방식이 현재 아버지로서의 모습과 역할을 결정한다는 의미는 결코 아니다. 특히 아버지와의 관계가 안 좋았던 남성들 중 좋은 아버지가 되고 자녀들과도 잘 지내는 경우를 보았을 때 윗세대의 양육형태는 다음 세대로 꼭 대물림되는 것은 아님을 알 수 있다. 하지만 부자관계와 아버지 양육의 전이에 대한 연구가 활발히 진행되어온 서구에서, 부자관계가 아들의 성장과정과 성인이 되어서도 지속적인 영향을 미친다는 것이 규명된[121] 것을 고려했을 때, 아버지의 양육과 아버지와의 관계를 한 번쯤은 생각해 보는 것이 필요하다.

아버지와의 관계와 아버지의 양육에 대해 만족스러웠던 남성들도 이에 대해 생각해보는 것이 본인의 아버지 역할에 유익할 것이다. 이에 대한 지식은 어떤 과정을 통해서 자신이 좋은 아버지가 되어 가는지, 그리고 좋은 아버지 역할이 장차 아들의 아버지 역할에 어떤 영향을 주는지 이해하게 해준다. 또한 아버지의 양육방식이 좋지 않았거나 아버지와의 갈등이 심했던 남성들은 어떻게 하면 이런 감정들을 해결하고, 본인이 원하는 아버지가 될 수 있는지 도움이 될 것이다.

남성들이 아버지와의 관계에 대해 생각해보고 혹 해결되지 않은 아픈 감정들에 대해 아버지에게 직간접적으로 표현하는 것은 아이에게 감정표현 하는 것에 도움이 된다.[122] 혹시 이 책을 읽는 독자들도 아버지에 대해 조금이라도 섭섭함, 분노, 실망감, 두려움, 아픔, 절망감 등의 감정을 느꼈거나, 지금도 그런 감정이 남아 있는 남성들이 있다면 아버지와의 관계로의 여행을 떠나보기 바란다.


## 과거 아버지의 양육과
## 현재 나의 아버지 역할

아버지 역할과 부성에 대해 연구하는 학자들은 남성이 좋은 아버지가 되는 데 영향을 미치는 요인은 무엇이고, 또 이 요인은 어떻게 남성들에게 영향을 미치는지 밝히기 위해 노력해왔다. 미네소타대학교의 가족학자인 빌 도허티William Doherty 교수와 연구팀에 따르면, 부자관계가 남성의 아버지 역할에 영향을 미치는 중요한 요소로 규명되었다.[123] 그렇다면 과거 아버지의 양육방식이

나 부자관계가 어떻게 현재 남성의 아버지 역할과 연관이 있는가?

서구의 학자들은 이를 규명하기 위해 남성의 아동기·청소년기·아버지가 된 이후의 시기 등 다양한 인생의 시점에서 아버지의 양육과 아버지와의 관계를 측정해 연관성을 살펴보았다. 우리나라에서는 양 세대를 포함한 장기적인 연구를 통해 연관성을 밝힌 보고가 거의 없어 이에 대한 정보가 드물다. 하지만 서구에서 오랫동안 진행된 다양한 연구들이 우리나라 남성들의 아버지 양육의 전이에 대해 큰 도움이 될 것이다.

서구에서 이전 세대의 양육 방식이 다음 세대에도 비슷하게 나타나는가에 대해 규명한 초기의 연구들은 주로 아버지나 어머니의 부정적인 양육방식(혹독한 양육, 아동 폭력, 유기 등)을 조사했다. 하지만 연구가 활발히 진행되면서 긍정적인 양육도 다음 세대에 전이되는가에 대한 연구 또한 진행되고 있다. 긍정적인 양육은 일반적으로 부모가 자녀와 효과적으로 의사소통을 하고, 자녀에 대해 관심을 보이고, 아이에게 긍정적으로 영향을 미치기 위한 시도들을 하는 것을 포함하는 개념이다.

다수의 연구들에서 아버지의 부정적 혹은 긍정적인 양육은 다음 세대에도 어느 정도 전이된다고 보고된 바 있다.[124] 특히 최근의 연구들은 이러한 부정적인 양육과 긍정적인 양육이 다음 세대에 어떤 영향을 미치기에 이들이 비슷한 양육을 하게 되는지 예측한다. 이 연구들에 의하면, 혹독한 양육은 자녀들이 문제행동을 일으킬 가능

아버지의 긍정적인 양육은 자녀가 반사회적이거나
문제행동을 일으킬 가능성을 줄이고, 자녀가 긍정적인 양육을 하고
좋은 아버지가 되는 것을 도와준다.

성을 높이고, 이는 다시 자녀들이 부모가 되어 비슷하게 혹독한 양육을 하게 만든다. 즉 아버지로부터 폭력을 경험했거나 아버지의 부정적인 양육으로 상처를 입은 남성들은 크면서 문제행동을 일으킬 가능성이 높고, 이는 다시 이들이 아버지가 되었을 때 아이들에게 부정적인 양육을 보일 가능성이 높다는 것이다.

그렇다면 아버지의 긍정적인 양육은 어떤 과정을 통해 전이되는 것일까? 아버지의 긍정적인 양육은 자녀들이 아동기 때 사회적 · 교육적인 역량을 높이고, 나아가 자녀들이 자라서 부모 역할을 할 때 긍정적으로 양육하는 것을 예측하게 한다. 또한 아버지의 긍정적인 양육은 자녀가 반사회적이거나 문제행동을 일으킬 가능성을 줄이고, 자녀가 긍정적인 양육을 하고 좋은 아버지가 되는 것을 도와준다.[125] 이러한 연구들은 아동기 및 청소년기에 아버지가 자녀에게 관심을 보이고 친밀하고 잘 통할수록 자녀의 사회적 · 교육적인 역량이 높아지고 문제행동을 일으킬 가능성이 낮으며, 미래에 자녀들이 부모가 되었을 때 비슷한 긍정적인 양육을 할 것 같다는 의미다.

그렇다면 아버지의 부정적인 양육이 다음 세대의 아버지 역할에도 나타나지 않는 경우는 어떻게 설명할 수 있을까? 다시 말해 어떤 남성들은 아버지로부터 혹독한 양육을 경험하고 상처받고 어렵게 자랐지만 좋은 아버지가 되는 경우도 많다. 이에 대한 답을 얻기 위해 지금도 연구가 활발히 진행되고 있다.

프로그램과 상담, 교육 등을 통해 변화를 유도하는 학자들은 남성들이 경험했던 부정적인 양육이 충분히 해체될 수 있다고 말한다. 미국의 부성연구와 부성관련 프로그램 개발 및 정책개발에 영향력이 있는 학자들인 캘리포니아대학교 심리학자인 캐롤린 코엔Carolyn Cowan 교수와 필립 코엔Philiph Cowan 교수, 그리고 예일대학교 의과대학 정신과의 마샤 프루엣Marsha Pruett 교수와 카일 프루엣Kyle Pruett 교수는 부정적인 경험은 프로그램·교육·상담 등의 개입 없이는 전이가 될 가능성이 높다고 지적하면서, 이러한 남성들을 대상으로 한 개입의 중요성을 강조했다.[126] 이러한 개입은 세대를 이어 내려오는 부정적인 경험이나 양육 방식이 전이되지 않도록 남성들을 돕는 동시에 부모님과의 관계를 긍정적으로 만들고 유지하는 데 초점을 두고 있다.

우리나라에서도 성균관대학교의 가족학자 김성은 교수와 미국 알리안트국제대학교의 가족학자인 카렌 퀵Karen Quek 교수가 두란노 아버지학교를 수료한 남성들을 대상으로 이들이 어떻게 좋은 아버지가 되는가에 대해 연구를 진행했다.[127] 아버지로부터 부정적인 양육을 경험하고 정서적으로 단절되었던 남성들은 이 프로그램을 통해 전이되고 있는 부정적인 양육을 끊을 수 있었고, 나아가 자녀와 친밀한 아버지가 되었다는 것이 관찰되면서 개입의 중요성을 보여주었다. 나아가 이들은 자신에게 상처를 준 아버지를 용서하고 자랄 때와는 매우 다른 차원의 관계를 아버지와 형성하게 되었다. 아동·청소년기에 아버지에게 상처를 받았거나 부정적인 양육을 경험했다면 다양한 기관에서 실시되는 아버지 교육이나 프로그램을 수강할 것을 권장한다. 그것이 힘들다면 다음의 방법을 시도해보기 바란다.

## 아버지에게 받은
## 아픔 해결하기

성장과정에서 아버지에게 구타를 당했거나 방치되고, 사이가 서먹하거나 마음에 상처를 입은 남성들, 혹은 특정 사건으로 인해 힘든 감정이 아직도 마음에 남아 있는 남성들이 있다면 지금부터 설명할 '용서'를 시도해보기 바란다. 사실 가족관계, 특히 아버지와의 관계에서 아버지를 용서한다는 것은 말이 되지 않는다고 생각할 수도 있다. 하지만 우리가 가족에게 받은 상처와 아픔이 갖는 의미를 생각해볼 때 감정을 해결하고 용서하는 것은 큰 도움이 된다.

가족관계는 타인과의 관계와 달리 쉽게 해체되지 않기 때문에, 서로에게 상처주는 행동을 상대적으로 더 많이 하게 된다. 이로 인해 가족에게 받은 상처는 다른 관계에서 받은 상처보다 더 크고 오래갈 수 있다.[128] 또한 가족 구성원을 용서하는 것은 타인이나 연인관계에 있는 사람을 용서하는 것보다 더 어렵고 힘들다. 이는 관계를 지속해야 한다는 것과 받은 상처 사이에 긴장이 있기 때문이다.[129] 타인과의 관계에서 갈등이 있고 상처를 받아서 이를 표현하고 용서를 받으려는 행동을 했을 때, 상대방이 인정하지 않으면 우리는 더이상 이 관계를 지속시키지 않아도 된다. 하지만 가족관계에서는 상처를 표현하고 용서를 받는 과정에서 상대방이 받아들이지 않을 경우 관계는 더 악화되고, 심각한 경우 더 힘든 관계가 될 수 있기에 무척 조심스러울 수 있다. 하지만 이러한 어려움에도 불구하고 가족관계는 오랫동안 지속된다는 특성으로 인해 용서를 결정하고 용서를 구할 수 있는 기회가 더 많다는 장점을 가지고 있기도 하다.

일반적으로 타인과의 갈등을 해결하고 용서하는 과정은 분노와 쓰라린 감정을 표현하는 적극적인 선택이며, 그 사람을 힘들게 하려는 마음과 행동을 버리고 화해를 향해 나아가는 것이다.[130] 우리가 상처를 준 사람을 용서하면 그에게 좀더 자애로울 수 있고, 그 사람과의 거리감이 좁혀지며 좀더 친밀해질 수 있다.[131]

상처를 준 사람에 대해 내 마음에 남아 있는 분노, 실망, 무기력, 증오, 섭섭함, 짜증 등의 부정적인 감정을 해결하고 용서를 하는 과정에서 글로 감정을 표현하는 것이 효과적이다. 그런데 아팠거나 힘들었던 것만을 쓰는 것은 용서나 관계회복에 그다지 효과적이지 않다.[132] 중요한 것은 아픔에 대해서 글을 쓰고, 이 아픔을 통해 내가 어떻게 성장하고 발전하게 되었는가를 쓰는 것이다. 이 2가지를 통

146

　　가족관계는 타인과의 관계와 달리 쉽게 해체되지 않기 때문에,
서로에게 상처주는 행동을 상대적으로 더 많이 하게 된다. 이로 인해
가족에게 받은 상처는 다른 관계에서 받은 상처보다 더 크고 오래갈 수 있다.

합한 용서의 과정은 미국 마이애미대학교 심리학자 마이클 맥컬로 Michael McCullough 교수와 연구팀의 연구결과에도 잘 나타나 있다. 다음은 그 효과성이 입증된 방법으로 한 번 시도해볼 것을 권유한다.

먼저 아버지와의 관계에서 부정적인 사건이나 경험을 떠올린다. 그리고 다음의 문항에 답해보자.

1. 아버지와의 관계에서 어떤 일이 있었습니까?
2. 그 일이 있은 이후에 당신은 아버지에 대해 어떤 감정을 느꼈습니까? 화나고 두렵고 섭섭하고 속상했던 감정들에 대해 작성해보십시오.
3. 아버지 때문에 본인의 삶이 어떻게 영향을 받았다고 생각하십니까?
4. 아버지와의 관계를 생각하면 어떤 부정적인 감정이 떠오르십니까?
5. 마음에 담아두지 말고, 그 감정이 마음에서 떠날 수 있도록 노력하십시오. 아무도 보는 사람이 없으니 그 사건에 대해 느꼈던 감정과 부정적인 영향에 대해 솔직하게 적어보십시오.
6. 당신이 이것을 작성할 때, 그 경험이 준 긍정적인 측면에 대해서 적어보십시오. 아버지의 행동이 당신에게 어떤 긍정적인 영향을 주었습니까? 아마 당신은 인식하지 못하겠지만, 당신의 내면이 강해졌을 수도 있습니다.

7. 이 힘든 사건은 어떤 방식으로 당신에게 긍정적인 결과를 가지
   고 왔습니까?

8. 개인적으로 어떤 유익을 경험했습니까?

9. 이 사건으로 인해 당신이 경험한 또 다른 유익은 어떤 것이 있
   습니까?


상처가 치유되고 용서를 하는 과정은 단기간에 해결되지 않는다.
혹 아픔을 겪었던 사건들이 여러 가지 있다면 이 실습을 몇 번 시도
해보자.

# 자신을
# 돌아보기

1 — 아버지와의 갈등이나 아버지에게 받은 상처가 있는가?

2 — 아버지의 생존에 관계없이 아버지에게 편지를 써보자.

3 — 혹 내가 자녀에게 상처를 준 일이 있는지 생각해보자. 생각이 나지 않으면 자녀에게 물어보자. 자녀의 마음을 아프게 한 일이 있다면 이를 편지나 이메일을 통해서 표현하고, 이를 통해 아버지로서 어떻게 성장하는지를 생각해보자.

4 — 감정의 해결과 용서는 일상에서 늘 일어나는 과정이다. 늘 유념하고 자녀의 마음이 다치지 않게 행동하며, 혹 자녀의 마음을 아프게 했다면 미안하다고 말하는 습관을 길러보자. 그리고 상처를 주었다는 것을 알았을 때 미안하다는 말과 함께 포옹이나 뽀뽀 등의 신체접촉을 시도해보자.

# 아내와 더 협력해 가사와 양육 분담하기

•

아내의 응원이나 격려 혹은 통제나 조정 등은
남성들이 가지는 아버지로서의 자신감과 자녀양육의 참여 정도와 연관이 있다.

•

"여보, 나 오늘도 9시에 들어가. 들어가서 내가 신경 쓰지
않고 잘 수 있도록 거실과 안방을 걸레로 깨끗이 닦아놔요. 오늘은
좀 제대로 해요. 당신이 설렁설렁 하니까 내가 집에 늦게 들어가도
꼭 치우고 자야 하잖아. 당신은 일도 일찍 끝나면서 집안일은 별로
하지도 않고. 내가 집안일 하는 데 당신보다 시간을 훨씬 더 많이
쓰잖아. 너무 화나!"

"알았어. 그만 좀 해!"

"제발 오늘은 내가 청소하지 않게 당신이 좀 해놔. 나는 하루가

두 사람이 잘 협력하면서 가사와 양육을 해나가는 것은
결코 쉬운 일이 아니다. 맞벌이 가정에서 역할과 책임을 나누는 것은
매우 복잡하고 갈등이 생기기 쉽다.

30시간인 줄 알아?"

"알았다니까!"

결혼 6년차인 37세의 J씨는 맞벌이 가정의 남편이다. 아내는 대기업의 중간급 관리자로 일이 많다보니 퇴근이 늦어 집에 오면 9시가 된다. J씨는 6시 정도에 퇴근하는데, 딸아이는 장모님이 화요일에서 금요일까지 봐주시기 때문에, 일이 끝나면 친구들을 만나거나 운동을 하러 가거나 혹은 집에 일찍 들어와서 가끔 집안일을 한다.

아내는 늦게 들어와도 집안일을 어느 정도는 하고 늦게 잠자리에 들다보니 남편에게 불만이 많다. 아내는 집에 일찍 들어오는 남편이 집안일에 시간을 더 할애하기를 바라지만, 남편은 가끔 하는 청소와 집안일로도 충분히 할 만큼 했다고 생각하면서 만족한다. J씨의 아내는 자신이 집안일에 더 많은 시간을 쓰는 것이 불만이고 이로 인해 자주 티격태격한다.

두 사람이 잘 협력하면서 가사와 양육을 해나가는 것은 결코 쉬운 일이 아니다. 맞벌이 가정에서 역할과 책임을 나누는 것은 매우 복잡하고 갈등이 생기기 쉽다. 그러나 직장생활을 하지 않는 여성들 역시 남편과 가사와 양육을 분담하고 수행하는 과정에서 마음이 상하지 않고 존중받는 느낌을 받기란 쉽지 않다. 마음이 다치기도 하고, 자존심도 상하고, 마음을 몰라준다면서 섭섭한 감정이 들곤 한다.

# 요즘 세대의 결혼 vs.
# 이전 세대의 결혼

요즘 세대의 결혼은 이전 세대의 결혼과는 매우 다르다. 우리 부모님들이 살았던 시대는 남편과 아내의 관계가 다소 위계적이고 가정에서 남성의 우위와 권력이 인정되었던 시대였다. 하지만 지금은 여성들의 교육수준이 높고 사회진출이 보편화되면서 결혼은 서서히 동반자적인 성격을 띠게 되었다. 미국역사에서 결혼의 변화에 대해 심도 깊은 연구를 수행한 존스홉킨스대학교의 사회학자 앤드류 철린Andrew Cherlin 교수는 미국의 결혼이 제도적 결혼institutionalized marriage에서 동반자적 결혼companionship marriage으로 이동했으며, 현재는 개인화된 결혼individualized marriage으로 이행하고 있다고 분석했다.[133] 미국에서는 개인화된 결혼의 특징이 더 많이 나타나고 있지만, 현재 우리나라에서 결혼은 동반자적 성격을 강하게 띠고 있다.

동반자적 결혼의 대표적인 특성은 2가지로 요약되는데, 이는 '친밀한 관계'와 '동반자적 부부관계'다. 부부나 연인은 상하 수직적인 관계 혹은 어떤 역할을 수행하는 것을 목표로 하는 관계가 아닌, 서로가 서로의 성장을 도모하면서 함께 친밀하게 살아가는 동반자적인 관계다. 두 사람이 역할과 책임을 잘 나누고 결혼을 통해서 개인의 성장과 발전을 도모하는 것이다. 특히 여성의 사회진출이 활발해지면서 결혼 후 가사나 양육을 분담할 때, 두 사람 간의 지속적인 타협과 협상, 그리고 융통성 있게 역할과 책임을 배분하는 것이 요구된다.[134]

하지만 이는 쉽지 않다. 그리고 앞에서 소개한 J씨 부부의 사례처럼 가사와 양육 등에 할애하는 시간에서 남녀 차이는 전 세계적으로도 나타나고 있다.[135] 우리나라에서 취업 유무에 상관없이 어머니와 아버지를 대상으로 생활시간을 분석한 연구에 의하면,[136] 과거에 비해 부모가 자녀양육에 쓰는 시간이 증가했고, 아버지들이 자녀양육에 할애하는 시간 또한 증가했다. 하지만 아버지의 자녀양육 시간의 증가폭은 어머니의 자녀양육 시간의 증가폭에 비하면 훨씬 적게 나타나고 있다. 남성들의 가사노동 시간은 늘어나고 있지만 아주 미미한 수준이고, 여성들은 비록 가사노동시간이 줄어들고 있지만 이 시간을 아이양육에 더 많이 쓰고 있다. 취업여성들의 경우 수면시간과 여가시간이 매우 부족하고, 특히 여가시간은 과거보다 줄어들었는데, 이는 회사와 업무에 대한 몰입과 헌신을 요구하는 직장생활과 점점 더 기대수준이 높아지는 육아를 함께 병행하기 때문이다.[137]

남녀의 가사노동과 양육 시간이 중요한 것은 이것이 결혼만족도 등의 결혼생활에 영향을 미치기 때문이다. 한국여성정책연구원이 전국의 19~64세 여성 1만 명을 대상으로 자료를 수집한 조사에서 이 중 2,556명의 맞벌이 가정의 여성들을 선정해 연구한 결과,[138] 여성들이 직장에서 일하는 시간은 길건 짧건 결혼 만족도에 영향을 미치지 않았다. 하지만 남편과 아내가 가사노동에 할애하는 시간의 차이가 클수록 여성의 결혼 만족도는 큰 폭으로 감소했다. 즉 비슷한 시간으로 부부가 가사노동이나 양육을 하지 않을 경우 여성들의 결혼 만족도는 줄어든다는 것이다. 이 연구결과는 남편이 주말에 가사를 분담할 때 여성들의 결혼 만족도가 높다는 연구결과와 연관이 있다.[139] 이런 추세는 배우자와의 동반자적인 관계에 대한 기대가 높아지면서 계속될 것으로 보인다.

이렇게 가사 분담으로 인해 나타나는 갈등은 맞벌이 가정에서 불가피하게 나타나며, 이는 결혼 만족도에 큰 영향을 준다. 위의 연구 결과들에 비추어볼 때, 맞벌이 가정에서는 부부가 비슷하게 가사노동이나 양육에 시간을 할애하고 여가를 함께 보내는 것을 통해서 갈등을 줄이고 결혼 만족도를 높일 수 있다.[140] 그리고 부부 간의 성적 만족도는 중요하지만 맞벌이 가정 여성의 경우에는 부부관계의 질이 더 중요하게 나타났다.[141] 이는 남편이 집안일에 더 시간을 할애하고 아내에게 정서적으로 지지를 보내는 것이 아내의 심리적인 건강과 결혼 만족도에 기여하는 것으로 드러났다.[142]

한편 비취업 여성들과 취업 여성들의 결혼만족도에 대한 연구에서,[143] 비취업 여성들에게 가사노동분담 만족도는 결혼만족도에 영향을 미치지 않았다. 이들에게는 정서적 안정감을 주는 남편과의 대화 등을 통한 좋은 부부관계가 결혼만족도에 가장 영향을 미쳐, 부부관계를 가꾸는 것이 중요한 것으로 나타났다.

부부나 연인은 상하 수직적인 관계 혹은 어떤 역할을 수행하는 것을
목표로 하는 관계가 아닌, 서로가 서로의 성장을 도모하면서
함께 친밀하게 살아가는 동반자적인 관계다.

# 협력적인 부모와
# 아버지의 양육 참여

동반자적 결혼이 점차 보편화되면서 양육은 이제 부부가 협력해야 하는 활동이 되었다. 그렇다면 부부가 아이를 키울 때, 갈등을 줄이면서 좀더 협력적으로 양육하려면 어떻게 해야 할까? 그리고 부부가 좀더 협력적으로 부모 역할을 하는 것은 남성의 아버지 역할에 어떤 도움이 되는가?

아버지 역할에 대해서 연구하는 학자들은 남성들의 아버지 역할이 부부관계라는 토양에서 이루어진다는 점을 규명하면서, 아내의 어머니 역할이나, 부모로서 아내와의 협력에 대해 주목해왔다. 가족은 서로 영향을 주고받기 때문에 부모 중 한 사람이 아무리 자녀에게 잘 하려고 해도 부모가 서로 협력하지 않거나 갈등이 심할 경우 아버지로서, 어머니로서 자녀에게 잘 할 수 없는 것이다.[144] 예를 들어 부모가 아이 양육의 방향에 대해 합의가 잘 이루어지지 않을 때 부모는 화가 나 싸우게 되고, 극단적으로는 한 쪽의 의견을 마지못해 따르는 결과를 낳게 된다. 부부가 아이의 양육에 관해서 서로 지지하지 않고 갈등이 심할 경우, 아동과 청소년의 정서에 영향을 끼치고, 문제행동을 유발할 수도 있다[145]는 충격적인 연구결과는 부모의 협력이 얼마나 중요한지 우리에게 알려준다.

이러한 이유로 인해 학자들은 협력적인 부모 노릇에 대해 활발하게 연구를 전개하고 있다. 부모가 자녀양육을 잘 하기 위해 서로가 협력하는 것을 '협력적 부모 역할co-parenting'이라고 한다. 특히, 미국에서는 협력적 부모 역할과 자녀발달 및 아버지 역할과의 연관성을 밝히려는 시도들이 지속적으로 진행되어 왔다.[146] 연구들에 의하면, 부모들이 더 협력적으로 부모 역할을 수행하게 될 경우 아버지들은 자녀들과 더 많이 상호작용하고 삶에 더 관여한다고 보고하고 있다. 부모는 소통하고 조정하는 과정을 통해 서로를 돕고 양육에 대한 지식을 넓히게 되는데, 이런 지지와 협력은 아버지의 양육참여를 촉진시킬 수 있다.[147] 그리고 부모들의 협력적인 부모 역할은 외부에서 가족을 힘들게 하는 스트레스에 대해 완충작용의 역할을 해 가족의 건강에 중요한 역할을 한다.[148]

그런데 이러한 협력적인 부모 역할이 지금 시대에 더 중요한 것은 앞에서 언급한 동반자적인 결혼의 등장과 함께 가족형태의 다양화와 연관이 있다. 기러기 가족, 한부모 가족, 미혼모 가족 등 부부가 같이 살지 않으면서 자녀를 키우는 가족들이 증가하면서 부부가 부모로서 협력하는 것이 더 중요해지고 있다.[149] 물론 이는 부부가 함께 사는 가정에서도 마찬가지로 필요하다.

협력적인 부모 역할은 아내와 남편이 동일하게 가사와 양육을 분담하는 것을 의미하지 않는다. 협력적인 부모 역할은 부부가 처한 환경 속에서 최대한 부모로서 서로 협력하고 지지하면서 아이를 양육하는 것을 의미한다. 즉 협력적인 부모 역할은 부모가 아이를 위해 서로 조율하고 타협하며 도움을 주면서 살아가는 과정이라고 할 수 있다.


## 협력적인 부모 역할은
## 구체적으로 무엇인가?


미국 펜실베이니아주립대학교 예방연구센터 Prevention Research Center의 마크 페인버그Mark Feinberg 교수는 부부가 어떻게 하면 좀더 협력하면서 아이를 키우고 가정을 잘 꾸려나갈 수 있을까에 대한 아이디어를 우리에게 제공한다. 필자는 이 책을 읽는 독자들이 다음 내용을 통해 본인을 돌아보는 기회로 여기기 바란다.

첫째, 우리는 부모로서 얼마나 배우자를 지지하고 격려하는가? 우리는 서로가 부모로서 기여하는 것에 대해 얼마나 존경과 감사를 표현하고 있는가? 상대 배우자를 얕잡아보거나 비판을 주로 하는가? 혹은 아이에게 권위를 더 얻기 위해서 배우자와 은근히 경쟁을 하는가?

둘째, 우리는 얼마나 양육에 대해 의견일치를 보이는가? 아내와 남편은 아이와 관련된 주제들, 즉 도덕적 가치, 아이의 행동에 대한 기대와 훈육, 아이의 정서적 욕구, 교육에 대한 기준, 안전, 친구관계에 대해서 얼마나 동의하고 있는가? 물론 아이의 양육에 대한 모든 부분에서 서로 일치하기란 쉽지 않으므로 지속적인 조율과 타협이 필요하다. 고질적이거나 극심한 의견 불일치가 부모 역할과 부모 간의 협력을 방해할 때, 상호 비난과 멸시 및 적대적인 갈등 등이 야기된다는 점은 부모의 의견 일치를 위한 노력의 중요성을 보여준다.[150]

셋째, 우리는 얼마나 융통성 있게 자녀 양육을 분담하는가? 일상에서 양육과 가사에 대한 의무와 책임 및 아이에 관한 재정적·법적·의료 관련 일들을 함께 책임 있게 해결하는가? 중요한 것은 남편과 아내가 똑같이 절반으로 나눠서 하는 것보다 서로가 상황에 맞게 조율하면서 융통성 있게 해나가는 것이다. 어떤 부부들은 한번 역할이나 책임이 결정되면 그것을 바꾸려 하지 않는데, 이러한 경직된 역할과 책임은 부부 중 한 쪽을 힘들게 만든다. 특히 아이가 태어나고 연인이 부모가 되면서 갑자기 엄청난 변화가 일어나는 시기에 이러한 융통성을 발휘하는 것은 부부의 결혼 만족도에 핵심적이다.[151]

넷째, 부부는 얼마나 가족 간의 상호작용을 잘 조절하는가? 우리는 얼마나 부정적인 고리에 갇혀서 서로에게 적대적으로 대하고, 꼬리에 꼬리를 무는 대화를 하고 있는가? 부부는 싸울 때 혹시 아이를 중간에 세워놓고 자신을 방어하려고 하지는 않는가? 혹은 갈등이 있을 때 철수하거나 공격하는 패턴을 보이는가?

고질적이거나 극심한 의견 불일치가 부모 역할을 방해하고
부부가 부모로서 협력할 수 없을 때, 상호비난과 멸시 및
적대적인 갈등 등이 야기된다.

# 아내의
# 문지기 역할

아내가, 아버지로서의 남편에게 대하는 태도는 아버지의 자녀양육과 특별히 연관이 있는데, 이를 '엄마의 문지기 역할maternal gate-keeping'[152]이라고 한다. 물론 자녀의 연령이나 성별 혹은 기질, 그리고 아버지와 어머니의 성격, 종교 등에 따라서 아내의 문지기 역할의 정도는 달라질 수 있다. 하지만 일반적으로 아내의 응원과 격려 혹은 통제나 조정 등은 남성들이 아버지로서의 자신감과 자녀양육에 참여하는 정도와 연관이 있다. 예를 들어 아내의 아버지로서의 남편에 대한 격려는 아버지들의 양육참여를 높인다. 또한 아내가 남편의 자녀 양육을 어떻게 인식하는지는 아버지들에게 영향을 준다.

부모 역할과 아내의 문지기 역할에 대한 연구를 오랫동안 해온 미국 플로리다대학교의 가족학자인 다니엘 풀만Daniel Puhlman 교수와 케이 파슬리Kay Pasley 교수는[153] 아내의 문지기 역할을 크게 3가지 영역으로 구분했다. 다음 표를 보면서 아내와 남편은 각자 어떻게 아버지로서의 남편을 대하는지 생각해보고 서로의 의견을 나눠보자. 그리고 어느 정도로 조정, 지지, 좌절을 경험하는지를 생각해보자. 혹 두 사람이 정도에 있어 생각의 차이가 나타나면 그것에 대해서 대화를 해보자.

### 아버지로서의 남편에 대한 통제 및 조정 수준

| 낮은 수준의 조정 | 높은 수준의 조정 |
| --- | --- |
| 남편을 조정하지 않음<br>남편의 자발적 참여 | 아내가 모든 결정을 내림<br>남편에게 명령함 |

### 아버지로서의 남편에 대한 지지 및 격려 수준

| 낮은 수준의 지지 | 높은 수준의 지지 |
| --- | --- |
| 전혀 지지하지 않음<br>격려의 표현이나 행동을 보이지 않음 | 아버지의 역할을 환영함<br>아버지를 따스하게 대함 |

### 아버지로서의 남편에게 좌절감을 주는 수준

| 낮은 수준의 좌절감 주기 | 높은 수준의 좌절감 주기 |
| --- | --- |
| 부정적인 태도 없음<br>좌절감을 주는 행동을 하지 않음 | 직접적으로 비난함<br>남편에게 부정적인 태도를 보임<br>멸시하거나 빈정댐 |

※ 자료: Puhlman, D. J. and Pasley, K. (2013), Rethinking maternal gatekeeping. Journal of Family Theory & Review, 5, 176~193

# 어떻게 가사 분담을
# 할 것인가?

　　맞벌이 가정에서 남편이 주중에 하는 가사 분담의 정도는 아내의 결혼 만족도에 영향을 미치지 않는다. 이는 남편이 주중에 많은 시간을 일로 할애하기 때문에 남편의 가사 참여에 대한 기대치가 낮기 때문이다.[154] 하지만 주말에 남편이 가사 분담에 시간을 할애하는 것은 결혼 만족도에 영향을 미치는 만큼 남편들이 주말에는 적극적으로 가사를 하는 것이 부부관계를 위해서 요구된다고 할 수 있다. 그리고 가사 분담을 할 때는 서로 자신과 상대방이 했으면 하는 것을 명확하게 표현해야 한다. 만약 서로 이견이 있을 경우 조정하는 과정을 통해 갈등을 줄여나가야 한다.

　맞벌이 가정에서 남편이 아내에게 보내는 정서적 지지는 부부 간의 갈등을 낮추고 관계 만족도를 높이기에 남편들이 아내에게 "수고했어." "당신이 있어서 감사해." "당신이 최고야." "힘들었지." 등의 표현을 보내는 것도 좋은 방법이다.

　만약 자녀양육에 대해서 배우자를 지지하고 싶지만 잘 안 될 때 무엇이 그렇게 만든다고 생각하는가? 그것이 무엇인지 종이에 써보고 자신 안에 어려움이 있거나 배우자와의 관계에서 어려움이 있어서 그렇다면 배우자에게 편지를 써서 자신의 마음을 표현하는 시도를 해보자.

서로가 정한 활동과 규칙을 지키지 못할 경우 미안하다는 표현을 하고, 상대가 잘 지켜줄 경우 고맙다는 표현을 해야 한다. 미국 미네소타대학교의 가족학자인 윌리엄 도허티William Doherty 교수는 부부가 서로 했던 약속이나 정한 규칙을 지키지 못할 경우, 어떻게 표현하는지가 매우 중요하다고 주장했다.[155] 예를 들어 집에 저녁 8시까지 들어와 아이를 보기로 했는데 사정이 생겨 그렇지 못할 경우, 상대방에게 전화해서 상황을 설명해야 한다. 표현을 할 때는 우리의 약속이 더 중요하지만 갑자기 지키지 못하게 되어 미안하다고 말하고, 다음에 시간이 될 때 더 하겠다고 약속하는 것이 좋다. 이런 대화를 통해 부부관계가 중요하고 소중하다는 것을 상대방에게 전달하게 된다. 이런 간단한 표현들은 상대방의 기분이 나빠지거나, 실망하거나, 혹 갈등으로 발전하는 것을 막아주고 소통하면서 잘 넘어갈 수 있도록 해준다.

# 자신을
## 돌아보기

1 — 나는 주말에 집안일과 양육을 얼마나 하고 있는가?

2 — 나와 아내가 하는 가사의 시간 차이는 어느 정도인가? 혹 차이가 많이 나
서 아내가 불만족하거나 힘들어하고 있지는 않은가?

3 — 아내와 가사와 양육을 좀더 효율적으로 분담하기 위해 어떤 시도를 해볼
수 있을까?

4 — 나는 양육에 대해 아내와 이견이 있을 때 어떻게 조정하는가?

# 3부

# 아빠를 응원하는
# 가족과 사회

# 아이의 건전한 발달을 지원하는 가족과 사회

미국에서는 1960년대 이후 아동·청소년 발달에 대한 연구와 정책 및 프로그램 개발에 획기적인 변화를 일으키고, 지금까지도 강력한 영향을 미치고 있는 이론이 있는데, 바로 인간발달의 생태학이론 Ecology of Human Development[156]이다. 이 이론은 고인이 된 코넬대학교의 심리학자 유리 브론펜브레너Urie Bronfenbrenner 교수에 의해 창시되었으며, 아동·청소년의 건강한 발달을 위해 이들을 둘러싼 환경, 즉 가족·학교·지역사회 및 공동의 노력의 중요성을 강조한다.

지금은 이런 사고가 매우 자연스럽게 받아들여지고 있지만, 이 이론이 등장하기 전까지만 해도 아동·청소년의 발달은 주로 운명론에 맡겨졌다. 즉 이전 시대에는 아동·청소년 발달은 전적으로 한 아동의 유전적·생물학적인 요인에 결정된다는 시각이 지배적이었다. 예를 들어 아동의 학업성취가 낮거나 빈곤한 것은 아동의 IQ, 그리고 유전적·개인적인 특성에 의해 결정된다고 믿었다. 하지만 이 이론은 아동·청소년의 최적의 발달을 위해 더 좋은 가족과 학교 및 사회 환경을 조성하는 것의 중요성을 강조한다. 지금 우리나라에서 부모 교육, 더 안전한 취학 전 교육과 학교 교육, 직장의 가족친화적인 문화 형성, 정부의 가족친화정책 등에 관심을 두는 것은 바로 이 생태학이론에 근거한 것이다.


## 공동의 노력이
## 절실히 필요하다


필자는 1부에서 아버지 연구와 이론에 기초해 아버지들에게 필요한 양육의 방향성에 대해 이야기했고, 2부에서는 자녀가 건강하게 자라는 데 핵심적인 토양인 부부관계, 특히 부부 갈등의 해결에 대한 내용을 다루었다. 3부에서는 이러한 아버지들의 노력을 넘어 부부, 가족과 사회에서 아동·청소년의 건강한 발달을 위해 무엇을 해야 하는지에 대해 소개하려고 한다. 아이가 잘 자라기 위해서는 아버지 개인과 부부의 노력 뿐 아니라 우리 자녀와 우리 모두가 살아가고 있는 가족, 학교 및 사회에서의 공동의 노력에 의해서 가능하다.

지금은 소위 삼포세대(연애·결혼·출산 3가지를 포기한 세대)를 사는 젊은이들이 어렵게 결혼해 힘겹게 부모로서의 삶을 살아가고 있다. 그리고 경제적으로 불안정하고 언제 해고될지도 모르는 많은 30~40대의 부모들이 아이를 키우면서 살아가고 있다. 아이에게는 점점 더 힘든 교육 및 학교 환경이 조성되고 있고, 부모는 아이들이 노력을 해도 취직이 가능할까를 늘 걱정하면서 아이를 키우고 있다. 매일의 삶은 가족과 아이들 모두가 턱턱 숨이 막히는 현실 그 자체다. 아이들이 잘 자라고 아버지들이 좀더 아이의 삶에 관여하고 좋은 관계를 맺기 위해서 사회는 어떤 방향성을 갖고 가족과 지역사회 및 직장을 지원해야 할까?

필자는 미국에서 지내는 동안 건강한 아동·청소년과 가족이 미국 사회를 튼튼하게 한다는 의미의 "strong families, strong America(튼튼한 가족, 튼튼한 미국)"로 표현되는 미국 사회의 정신을 좋아했다. 우리나라에서도 이런 정신을 목표로 삼아 정부에서 다양한 정책을 생산하고 있다. 하지만 필자는 가족을 지원하는 시도들이 정치와 경제처럼 우리 사회에 핵심적으로 여겨지는 문화로 도입되기를 소망한다. 가족 개개인의 건강은 한 사회의 건강과 생산성과 직결된다. 정부와 사회 및 회사에서 가족을 위한 정책과 프로그램 및 연구들을 좀더 심각하고 중요하게 받아들일 때 우리 사회의 경쟁력과 토대는 단단해질 것이다.

# 안정적인 부부관계가 중요하다

•

상처를 받을 수도 있지만 서로의 마음상태나 두려움 등을 배우자에게 보이고
자신이 느끼는 감정을 교류하면서 부부관계는 점점 새롭고 긍정적인 성격을 띠게 된다.

•

필자는 얼마 전 〈님아, 그 강을 건너지 마오(2014)〉라는 영화를 보았다. 보는 이들의 마음을 뭉클하게 하고, 영화 속 노부부의 아름다운 모습을 닮고 싶다는 소망을 불러 일으켰던 영화였다. 할아버지와 할머니가 손을 잡고 애정 어린 대화를 나누며 걸어가는 모습, 할아버지가 할머니에게 꽃을 꼽아주며 예쁘다고 말하는 모습, 잠이 든 노부부의 모습에서도 느껴지는 깊은 사랑, 어떤 말이나 표현을 해도 서로 잘 반응해주는 모습 등 한 장면 한 장면마다 마음이 따뜻해지는 영화였다.

이런 관계를 젊어서부터 생을 마감하는 날까지 맺을 수만 있다면 아마 인생의 반 이상은 성공했다고 말할 수 있을 것이다. 비록 이런 관계가 우리 연인과 부부에게 멀고 먼 길같이 느껴질 때도 있지만, 영화 속 노부부가 보여준 사랑은 우리 모두에게 충분히 가능하다. 그리고 이러한 관계는 부부가 서로를 도와가면서 만들어갈 수 있다.

그런데 부부가 친밀하고 안정적으로 결합하는 것은 결혼생활과 남성들의 아버지 역할 수행과 어떤 연관성이 있는가?

먼저 많은 연구들이 부부 간의 친밀감이 결혼생활에서 갖는 중요성을 입증해왔다. 미국 텍사스대학교의 가족학자인 테드 휴스턴Ted Huston 교수는 부부가 살면서 과연 어떤 요인들이 결혼생활의 만족도를 높이고, 또 이혼을 하게 만드는지 규명하려는 시도[157]를 했다. 이 연구에 따르면 부부의 결혼생활의 만족도와 이혼을 촉발하는 핵심적인 요인은 서로가 필요할 때 곁에 있어주고 마음을 헤아리며 챙기는 것이었다.

이 연구에 참여했던 이혼 부부들은 이혼 전에 서로에게 잘 반응하지도 않고 감정을 잘 표현하지도 않았던 것으로 나타났다. 휴스턴 교수는 이 연구결과에 기초해 부부의 갈등과 싸움은 서로를 지치게 하고 고통을 주지만, 갈등 자체만으로 부부가 멀어지는 것은 아니라는 것을 강조했다. 부부 간의 친밀감의 결여는 부부갈등을 더 악화시키고, 서로에게 환멸을 느끼게 하며 관계를 나락으로 떨어뜨린다. 이 연구는 부부가 갈등을 해소하는 것과 동시에 부부관

두 사람의 관계가 친밀하고 안정적이라는 것은 서로가 상대에게
안전감과 편안함을 느끼고, 불안할 때 다가가서 마음을 보이고,
내가 원하는 위로와 관심을 받는 상태를 말한다.

계를 보다 친밀하게 만드는 것이 결혼생활의 만족도에 더할 나위 없이 중요하다는 것을 보여준다.

그리고 필자는 프롤로그에서 부부 간의 친밀하고 안정적인 관계가 남성이 아버지로서 양육에 참여하게 하고 자녀를 행복하게 만든다는 것을 다양한 연구결과들을 통해 보여주었다.

그렇다면 부부는 어떻게 해야 좀더 친밀하고 안정적인 관계를 만들 수 있을까? 어떻게 하면 고통스러운 상태에서 빠져나와 친밀한 관계를 회복할 수 있을까? 부부는 서로를 일으켜주고 도와가면서 이런 관계를 만들어 갈 수 있다.

2장에서 필자는 애착의 관점에 기초해 친밀하고 안정적인 부부 관계를 만들기 위한 첫걸음으로 부부가 싸우고 갈등할 때 서로 어떻게 반응하는지, 어떻게 부부가 자신도 모르게 배우자에게 두려움과 애착 욕구를 유발하는지, 그리고 어떻게 하면 공공의 적인 부정적인 고리를 만들게 되는지에 대해서 소개했다. 무엇보다도 이 과정은 서로에게 표출하는 감정 속에 숨어 있는 유대감의 상실에 대한 두려움이나 사랑받고 싶은 욕구를 부부가 깨달을 수 있도록 해 서로를 적대적으로 보는 시각에서 벗어나게 도와준다. 배우자의 부정적인 반응이 두려움을 처리하기 위한 적극적인 노력이라는 것을 깨닫게 해주고, 자신의 태도 또한 배우자를 위협한다는 것을 깨닫게 되면 부부는 서서히 비난을 멈추고, 친밀하고 안전하게 결합되기 위한 관계의 기초를 마련하게 된다.

# 친밀감과 안정적인
# 유대 만들어 나가기

성인애착이론과 정서중심적 부부치료에 의하면, 두 사람의 관계가 친밀하고 안정적이라는 것은 서로가 상대에게 안전감과 편안함을 느끼고, 불안할 때 다가가서 마음을 보이고 accessibility: 접근성, 내가 원하는 위로와 관심을 받는 상태responsiveness: 반응성를 말한다. 이 과정에서 두 사람은 정서적인 교류를 하고, 서로에게 집중하며 함께 이러한 상태에 머무른다engagement: 개입.[158] 이런 관계를 만들기 위해서 부부는 관계에서 가장 두려워하는 것이 무엇이고, 마음속에서 무엇을 원하는지를 알아야 한다.[159]

이 과정의 핵심은 부부가 서로에게 마음을 개방하고 도와주면서 유대를 만들어간다는 점이다.[160] 사실 마음을 연다는 것은 특히 갈등이 깊었던 부부에게 굉장한 관계의 진보를 의미한다. 이는 서로에게 상처를 다시 주고받을 수도 있지만 서로의 마음상태나 두려움 등을 배우자에게 보이는 것이다. 이러한 과정이 시작되면 부부는 자신이 느끼는 감정을 교류하게 되고 부부관계는 점점 새로운 성격을 띠게 된다.[161]

## 나는 관계에서 무엇을 제일 두려워하는가?

갈등이 심한 부부에게 "당신은 내 말을 늘 무시해!" "나도 당신 말이라면 치가 떨려." "당신은 왜 나를 늘 쏘아 붙여?" "당신은 왜 늘 지적만 해?" "당신은 내 마음을 너무 몰라."라는 부정적인 태도가 생활 전반에 있었다. 하지만 부정적인 고리가 점점 약화되면서, 고조된 감정은 누그러지고, 자신만을 보호하고 방어하려는 시각에서 벗어나 상대방의 감정도 알아차릴 수 있게 된다. 그리고 서서히 배우자의 거절과 거부로 인해 생긴 상처와 두려움을 이해하게 된다. 그럼에도 불구하고 서로에게 늘 마음을 열고 긍정적으로 상호작용하는 것은 쉽지 않다.[162]

부정적인 고리가 악화되기 시작하면 부부는 친밀한 관계를 만들어가기 위해 현재 자신과 상대방의 두려운 감정을 확실히 '알고' '이해'하고 '듣는' 것이 필요하다.[163] 우리는 고함을 지르고 공격하거나 혹은 도망가는 형식으로 자신의 감정을 배우자에게 드러냈다. 하지만 내 마음속의 감정이 정말로 어떤 것이고, 특히 내가 가장 두려워하는 것이 무엇인지 마음의 소리를 들어야 한다. 그리고 그것을 상대에게 표현할 수 있어야 한다.

그런데 나와 배우자의 진짜 감정을 알고 표현하는 것은 쉽지 않다. 두 사람 사이에 애착 욕구가 해결되지 않을 때 느끼는 실망, 두려움, 분노, 걱정, 미움, 상실감, 압박감, 불안함, 무시당함 등의 다양한 감정은 갈등 상황에서 분노나 회피 등으로 표출되고, 결국 진짜 감정들은 묻히게 된다. 우리는 우리가 느끼는 감정이 어떤 것인지 잘 모를 수 있고, 안다고 해도 그것을 분노나 회피 이외의 방식으로

자신의 두려운 감정을 더 잘 표현하기 위해
상대방에게 도움을 청하고 의지하는 것은
관계의 변화를 좀더 이끈다.

어떻게 표현하는지 잘 모를 때가 많다. 그러므로 이런 감정에 깊숙이 다가가고 표현하는 연습이 필요하다. 다음의 예시를 보고 한 번 두려운 감정을 표현해보자.

"당신이 내가 비난한다는 느낌을 받을 때 당신이 무능력하다는 느낌을 받는다는 것을 전혀 알지 못했어. 당신이 나를 피하고 소리를 지르니까 나를 귀찮아하고 거부한다고 생각했어. 그래서 두려웠어. 나는 당신한테 어떤 존재인지 의문이 들었고, 그럴수록 당신을 더 힘들게 했어. 이제 당신이 느끼는 두려움이 어떤 것인지 이해했어. 미안해. 나도 모르게 당신을 힘들게 했어."

더 중요한 것은 자신의 두려운 감정을 더 잘 이해하고 표현하기 위해 상대방에게 도움을 요청하고 의지하는 것은 관계의 변화를 좀 더 이끈다는 점이다. "내가 감정을 표현하는 것이 쉽지 않아. 당신이 나를 이해해주었으면 해." "내가 용기를 내어서 당신에게 내 마음을 열고 다가갈 때, 인내하고 나를 받아들여 주었으면 해." "내가 당신의 마음 상태나 행복에 그렇게 중요한 존재인지 몰랐어. 그런 말을 들으니까 내가 당신한테 함부로 말을 하지 말아야겠다는 생각이 들어. 나한테 당신이 느낀 감정을 이야기해줘. 그러면 내가 좀더 잘 할 수 있을 것 같아."

이렇게 상대방에게 도움을 청하는 것은 상대방이 그만큼 소중하고 안전하게 느껴지기 시작했다는 의미다.[164] 분노나 회피와 같은 격한 방식이 아니라, 자신의 두려움을 부드럽게 표현할 수 있는 것은 관계의 엄청난 진보다.

배우자에게 아래와 같이 시도해보자.

"여보, 나는 당신이 목소리를 높여서 나한테 뭐라고 지적을 하는 것이 너무 싫었어. 그래서 당신에게 소리를 확 지르고 방으로 들어갔던 거야. 처음에는 당신하고 싸우기도 했지만 점점 지겹다는 생각에 피했어. 사실 나는 지적을 받으면 당신이 나를 싫어하고 무능력하게 여기는 것 같아서 두려워. 두려움이 들 때마다 내가 말하면 또 당신이 핀잔을 줄까봐 말하지 않았어. 내 마음을 잘 표현하지도 못하고 소리를 지르기만 했어. 내가 소리를 지른 것에 대해 정말로 미안해. 사실 감정을 표현하는 것이 나에게는 쉽지 않아. 내가 마음을 잘 표현할 수 있도록 당신이 나를 도와주면 좋을 것 같아. 내가 당신한테 마음을 보일 때 따스하게 나를 받아주었으면 좋겠어."

### 내가 관계에서 제일 원하는 것은 무엇인가?

연인이나 부부가 자신이 느끼는 두려움이 무엇인지 알게 되면 관계에서 자신이 정말로 원하는 애착 욕구를 더 잘 인식하게 된다. 다음의 실습은 수잔 존슨 교수가 연인이나 부부가 관계에서 원하는 애착 욕구가 무엇인지를 알게 해주고, 나아가 표현할 수 있게 해 부부가 안전하게 재결합되는 것을 도와준다. 이 실습은 수잔 존슨 교수의 책 『날 꼬옥 안아 줘요』에 수록되어 있다.

당신이 사랑받고 안전감을 갖기 위해서 배우자에게 가장 원하는 것이 무엇인지 기록하라. 그런 다음 배우자와 진지하게 나누어라. 아래에 부부들이 사용했던 몇 가지 표현이 제시되어 있다. 당신에게 가장 적합한 내용을 체크해 배우자에게 보여주어라.

나는 _____을 느끼고 싶어.

- 내가 당신에게 특별한 사람이고 당신이 우리 관계를 가치 있게 여겼으면 좋겠어. 당신에게 내가 최고이고 우리 관계보다 소중한 것이 없다고 말해주면 좋겠어.
- 내가 당신에게 꼭 필요한 사람이면 좋겠어. 당신이 나를 행복하게 해주고 싶은 마음이 있으면 좋겠어.
- 내가 실수하고 부족할 때도 당신이 나를 사랑하고 받아주면 좋겠어. 나는 당신이 원하는 모든 것을 만족시켜 줄 수는 없어.
- 당신이 원하는 사람이 나였으면 좋겠어. 당신이 나와 가까워졌으면 해.
- 당신이 내 감정, 상처, 욕구를 배려해주어서 나는 안전감을 느껴.
- 당신은 내가 힘들 때 내 편이 되어주고 나를 버리지 않을 거라 생각해.
- 당신이 내 말을 잘 들어주고 나를 존중해주기를 원해. 제발 나를 버려두지 말아줘. 그리고 나의 단점만 보지 않았으면 좋겠어. 당신과 친해지는 방법을 배우고 싶어.
- 당신이 모든 일을 제쳐두고 내 말을 경청해주면 좋겠어.
- 나는 당신에게 안아 달라고 요청하고 싶어. 내가 그렇게 요청하는 것이 힘들다는 것을 당신이 이해해주면 좋겠어.

당신이 앞의 내용을 갖고 배우자에게 접근하기 어려우면 자신의 욕구를 깨닫고 표현하는 것이 얼마나 힘든지 함께 나누는 것이 좋다. 당신이 표현할 수 있게 배우자가 도와줄 수 있는 방법은 무엇인지 말해보라. 이러한 대화 속에는 감정이 표출되기 때문에 여유를 갖고 서두르지 말아야 한다.

지금 당신이 배우자에게 어떤 반응을 보일지 몰라서 불안하다면 그 사실을 있는 그대로 나누어라. 준비된 내용보다 당신이 생생하게 느끼고 있는 내용을 나누는 것이 문제의 해결을 위해서 좋다. 당신이 배우자에게 그의 메시지를 듣고 있고, 그의 표현에 고마워하고, 반응을 잘하고 싶다고 표현해주면 긍정적인 변화가 시작된다. 그런 다음 당신은 배우자의 욕구를 충족시켜 줄 수 있는 방법을 알게 될 것이다.

# 관계를 생기 있게
# 지속하기

관계가 회복되면 부부는 다양한 의식rituals을 통해 관계를 생기 있게 유지할 수 있다. 미국의 미네소타대학교 가족학자인 윌리엄 도허티William Doherty 교수는 그의 유명한 저서 『결혼을 돌려줘(Take back your marriage)』[165]에서 결혼을 생동감 있게 유지하기 위해서는 의식적인 노력이 필요하다고 말했다. 도허티 교수는 이를 '사랑 의식love rituals'이라고 했고, 이는 반복적이고, 계획되고, 두 사람 모두에게 의미있는 중요한 활동을 의미한다. 이러한 사랑의식은 치유와 연합 및 사랑의 표현이다. 다음은 윌리엄 도허티 교수와 수잔 존슨 교수가 오랜 기간의 교육과 치료과정을 통해 제안한 의식들이다. 일상적으로 보이지만 우리가 지속적으로 실행한다면 관계를 생기 있게 유지하는 데 도움을 줄 것이다.

- 출근할 때나 퇴근한 뒤 규칙적이고 의도적으로 사랑한다는 말을 하거나 포옹을 한다.
- 부부가 싸움이나 말다툼을 했을 경우, 문자나 SNS를 통해 자신이 느꼈던 감정을 표현한다.
- 부부에게 중요한 날(결혼기념일, 생일 등)을 기억하고 기념한다.
- 부부는 매일 짧은 시간이라도 오늘 기분과 마음이 어땠는지에 대해 꼭 대화를 나눈다.
- 부부교육이나 프로그램에 참석해 새로운 내용들을 배우고 실천하려고 노력한다.
- 번개나 계획을 세워서 두 사람만의 데이트를 해보아라.
- 배우자에게 감사한 것이나 배우자의 좋은 점을 하루에 하나씩 적어서 말해준다.
- TV나 스마트폰은 잠시 꺼두고, 두 사람만의 시간을 갖는다.
- 배우자가 했던 조그만 노력에 대해서 관심을 보이고 인정해준다. 신체적인 접촉을 자주 한다.

마지막의 신체적인 접촉을 자주 하라는 제안에 대해서 많은 이들은 성관계를 생각한다. 하지만 성관계에서 서로 감정의 교류가 없다면 상처만 남기고 오히려 부부관계에 도움이 되지 않는다. 사실 성관계에 대해 불편하거나 거부감이 드는 것은 기술의 부족이나 성행위에 만족하지 못하기 때문이 아니다. 성관계를 할 때 이런 감정이 드는 것은 오히려 부부관계에 문제가 있고, 위기에 처했다는 것을 알려주는 신호인 것이다. 부부가 부정적인 고리에 갇혀 있을 경우 남성은 성관계에 대해 불만이 더 높아지는 경향이 있다. 성적인 탐색과 감정의 개방과 반응이 잘 이루어지고, 부드럽고 친밀하게 서로에게 다가갈 때 성관계는 비로소 만족스러워진다. 그리고 부부가 안전하게 연합되는 것을 돕는 과정이 된다.

# 자신을
## 돌아보기

1 — 나는 실습을 통해서 나와 상대방에 대해 어떤 것을 새롭게 알게 되었는가?

2 — 내가 아내에 대해 느끼는 두려움은 무엇인가? 이것을 글로 써보고, 괜찮
   다면 아내에게 보여주자.

3 — 내가 아내로부터 충족받고 싶은 욕구는 무엇인가? 이것을 글로 써보고,
   괜찮다면 아내에게 보여주자.

4 — 나와 아내는 서로가 감정을 표현할 수 있도록 어떻게 도울 수 있을까?

# 아빠의 건강을 챙기는 가족

•

아내와 가족이 아버지에게 건네는 따뜻한 말과 응원은
오늘도 무한 경쟁의 전쟁터에서 고군분투하는 아버지에게 큰 힘이 된다.

•

 작은 회사를 운영하는 40세의 J씨는 얼마 전 뇌졸중으로 쓰러졌다. 주말에는 운동도 하고 쉬고 싶었지만, 아이들 뒷바라지를 생각하면 오히려 주말에 직장에 나가는 것이 마음 편했다. 게다가 다른 경쟁업체들이 치고 올라오고, 회사가 적자에 허덕이면서 불안감과 위기감은 늘 순찬 씨의 마음에 자리 잡고 있었다.

다행이 신체 마비나 심각한 기억장애는 오지 않았지만, 단기기억을 담당하는 뇌세포가 죽으면서 기억하는 데 큰 어려움을 겪고 있다. 전화를 금방 하고 나서도 누구와 무슨 내용으로 전화했는지 전혀 기억하지 못하고, 문자나 SNS를 어떻게 하는지도 잊어버렸으며, 각종 비밀번호를 종이에 적어놓았다는 사실 자체도 기억하지 못한다. 담당의사는 J씨의 기억이 다시 돌아올 것이라고 했지만, 지금 상황으로서는 J씨의 가족들은 절망이 크다. 모아 둔 돈은 거의 없이 빚으로 살고 있고, 아이들은 각각 중학생, 고등학생이 되었는데 어떻게 살아야 할지 막막하다. 노후를 위해 당장 보험을 들거나 투자를 하는 것은 상상할 수도 없다.

2014년에 방영되었던 tvN 드라마 〈미생〉은 직장인들이 냉혹한 사회에서 고군분투하는 모습을 사실적으로 그려내 시청자들의 마음을 울렸다. 돈을 벌고 가족을 부양하기 위해 몸을 던져야 하는 직장인들의 삶을 그린 이 드라마를 가슴을 졸이지 않고는 볼 수 없었다. 드라마 속 남성들이 순간순간 느끼는 경쟁과 불안감, 살아남기 위해 벌이는 사투, 자신을 돌볼 수 없는 현실은 우리네 남편의 이야기이기도 하다.


## 남성의 건강과
## 남성성

서울시에서 발행한 〈2014 통계로 본 서울 남성의 삶〉[166] 자료에는 남성과 여성의 사망률과 사망 원인에 대한 분석이

## 주요 사망원인별 사망률[167]

| 구분 | 30~39세 순위 및 사망률 (인구 10만 명당 사망자, 명) | | | | | 40~49세 순위 및 사망률 (인구 10만 명당 사망자, 명) | | | | |
|---|---|---|---|---|---|---|---|---|---|---|
| | 1위 | 2위 | | | 3위 | 4위 | 1위 | | | 2위 | 3위 | 4위 |
| 남성 | 자살 (27.8) | 암 (14.2) | 간암 (3.8) | 위암 (2.1) | 운수사고 (7.5) | 간질환 (2.8) | 암 (47.2) | 간암 (15.3) | 폐암 (6.4) | 자살 (36.6) | 간질환 (19.8) | 심장질환 (18.0) |
| 여성 | 자살 (19.8) | 암 (13.7) | 유방암 (2.7) | 위암 (2.1) | 뇌혈관질환 (2.8) | 운수사고 (1.4) | 암 (45.5) | 유방암 (10.8) | 위암 (8.1) | 자살 (14.9) | 뇌혈관질환 (4.8) | 심장질환 (2.9) |

※ 출처: 통계청 「사망원인통계」, 국가통계포털(KOSIS)
• 사망률은 2012년 인구 10만 명당 특정사인에 의한 사망자 수를 의미함.
• 통계표 내의 값은 반올림한 값이며, 본문의 배수 계산도 반올림 값으로 계산했으므로 원자료로 계산한 값과 다를 수 있음.

실려 있다. 이 자료에 따르면, 먼저 사망률 성비(남성 사망률/여성 사망률)는 모든 연령층에서 남성이 여성보다 높게 나타났고, 특히 40대부터는 남성의 사망률이 여성의 사망률보다 2배 이상 높아졌으며, 50대에 정점을 찍고 감소하는 추세를 보였다. 30대에는 1.62배이던 사망률 성비가 40대에는 2.28배, 50대에는 3.04배로 높은 것으로 나타났다.

남성의 사망률의 원인을 연령대별로 살펴보면 30대 남성의 사망원인은 자살이 1위(27.7%), 암이 2위(14.2%), 3위가 운수사고(7.5%)

로 나타났고, 40대 남성의 사망원인은 암이 1위(47.2%), 자살이 2위 (36.6%), 간질환이 3위(19.8%)로 나타났다.

그런데 왜 남성 사망률은 여성 사망률보다 높고, 또 특정 질병이 나 사회문제는 여성보다 남성에게 주로 나타나는 것인가? 인간발 달을 다루는 여러 분야의 학자들은 여성이 장수하고, 사망률이 낮 은 것에 대한 원인을 알기 위한 끊임없는 연구를 해왔다. 이에 대해 서 학자들은 생물학적·유전적·개인적·사회적 요인의 영향에 기 초한 다양한 설명들을 내놓았다. 하지만 이 중 최근 사회과학 분야 에서 주목받고 있는 이론은 남성의 건강을 남성성과 연관해서 설명 하는 '사회구성주의 이론Social construction of masculinity'이다.

## 남성성이란
## 무엇인가?

남성성과 남성의 건강에 대한 사회구성주의 학자 들은 남성성은 무엇이고, 한 사회에서 어떻게 형성되는가에 대한 논의를 바탕으로 남성의 건강문제를 연구해왔다. 특히 학자들은 남 성성이 개인적인 특성인지, 아니면 인간관계와 사회구조를 통해서 형성되는 것인지를 밝히기 위해 노력해왔다.

일반적으로 우리는 어떤 남성의 행동이나 태도에 대해 그 남성

남성성은 한 사회에서 바람직하다고 여겨지는
남성성이 가족과 관계 속에서 형성되고, 법이나 제도를 통해
구조화되면서 개별 남성의 삶에 내면화된다.

개인의 특성이나 성격으로 생각하는 경향이 있다. 예를 들어 어떤 남성이 한 여성을 성폭행했다면 대부분의 사람들은 그 남성이 '나쁜' 인간이고 성폭력을 유발하는 공격적인 성향을 '갖고 태어난' 사람이거나 혹 정신병을 '가지고' 있을 것이라고 생각한다. 또 어떤 남성을 좋은 아버지라고 여기는 경우, 대부분은 그 남성이 부드럽고 따스하며 가정적인 '사람'(개인)이거나, 그의 아버지가 그런 사람이었을 것이라고 생각한다. '다 사람 나름이다.'라는 표현은 남성에게 나타나는 특성들이 남성 개인의 속성이라는 것을 강조하는 것이다.

그런데 사회구성주의 학자들에 의하면, 어떤 남성에게 나타나는 행동이나 태도는 그 개인이 타고 났거나 혹은 사회화를 통해서 습득한 것이 아니다. 물론 개인차와 사회화과정의 중요성을 전적으로 부인하지는 않지만, 남성의 행동이나 특성은 남성이 맺는 다양한 관계 속에서 지속적으로 만들어지고, 법이나 제도 등의 사회구조를 통해 계속 재생산되어 개별 남성이 내재화하는 것임을 강조한다.[168]

일례로 아버지 역할을 들 수 있다. 우리 윗세대의 남성들에게 바람직하다고 여겨졌던 남성성이나 부성은 일 중심적이고, 강하고, 공격적이고, 권위적이고, 위계적이었다. 이러한 남성성은 우리의 아버지들이 갖고 태어나거나 성격적인 특성이 아니다. 이는 가족관계와 일상생활에서 그것이 바람직하다고 여겨져 형성되고, 법이나 사회제도를 통해 재생산된다. 과거에는 여성에 대한 남성의 폭력이 법적으로 제제를 받지 않아 폭력적이고 공격적인 남성이 용인되었다. 이러한 남성의 폭력이나 공격성은 일상의 부부관계에도 받아들여져 남편의 권위나 권력이 부부관계와 부모자녀 관계를 정의했다. 그리고 남성의 일 중심적인 생활이나 상명하복 체계가 조직문화 속에 스며들면서 위계와 권력이 구조적으로 형성되어 위계적인 남성이 바람직하다고 여겨졌다.

하지만 현재의 바람직한 남성성은 이전 세대와는 매우 다르다. 예를 들어 가정적이고, 아이를 잘 돌보고, 직장이 있고, 소득이 있으며, 공격적이지 않고, 부드러운 남성을 좋은 남성이라고 여긴다. 이러한 바람직한 남성과 아버지는 부부관계에서 여성의 적극적인 목소리와 남성의 타협 등을 통해 결혼관계에서 형성된다. 나아가 사회구조적으로도 법이나 제도를 통해서 친가족적 정책을 시행하거나, 국가적 차원에서 남성들이 좋은 아버지가 되는 것을 돕는 교육 프로그램의 실행 등은 바람직한 남성성이나 아버지상이 사회적으로 변화되고 형성되고 있다는 것을 보여준다.

이렇듯 남성성은 한 사회에서 바람직하다고 여겨지는 남성성이 가족과 관계 속에서 형성되고, 법이나 제도를 통해 구조화되면서 개별 남성의 삶에 내면화된다. 이처럼 남성성이 사회적 요인에 의해 형성되는 것으로 보는 남성성 이론은 남성의 건강을 이해하는 데 큰 변혁을 가지고 왔다.

# 남성성과
# 남성의 건강 및 질병

남성이 어떤 질병에 걸리는가는 그 남성의 개인적 혹은 유전적인 요인에 의해 결정되는 것이 아니다. 물론 한 집안에 특정 질병에 대한 병력이 있을 경우, 가족 구성원이 그 질병에 걸릴 확률은 병력이 없는 사람보다 높기 때문에 유전적인 요인이 매우 중요하다. 하지만 질병에 걸리는 것은 유전적이거나 개인적인 요인뿐 아니라 직업적·사회적 요인 등이 복합적으로 작용한 결과다. 예를 들어 우리나라 남성들의 위암 발병률이 높은 것은 한국 특유의 음식문화나 남성이 직장에서 겪는 스트레스, 음주 등의 사회적인 영향이 있다는 것을 보여준다.

그렇다면 남성성에 대한 사회구성주의 이론은 남성의 건강을 구체적으로 어떻게 접근하는가? 이 이론은 남성의 질병과 폭력, 도움을 청하는 구조나 유형 등은 한 사회에서 바람직하다고 여겨지는 남성성과 연관해서 이해해야 한다고 강조한다.[169] 예를 들어 전통적인 남성성은 분노와 같은 부정적인 감정을 제외하고는 감정을 표현하는 것이 바람직하지 않다고 여겨졌다. 남성들은 부부관계에서 특히 자신의 감정을 표출하는 것에 익숙하지 않아 감정을 표현하지 못하고, 특정 상황에서 자신이 어떤 감정을 느끼는지도 잘 모르는 경우가 많다. 그런데 감정을 표현하지 못하고 알지 못하는 것은 부부관계뿐 아니라 사회생활에서도 나타난다. 치열한 경쟁에서 이기고 살아남기 위해서 남성은 자신의 감정을 숨기고, 다른 남성들과 정서적으로 거리를 두었으며, 거칠거나 강하게 보이려 했는데 이러한 행동과 태도는 조직적·사회적으로 계속 생산되었다.[170] 이러한 과정을 통해서 남성들은 감정을 잘 표현하지 않는 특성이 내재화되었고, 이것이 남성의 특성으로 자리 잡게 되었다.

사실 남성은 여성과 비교했을 때, 사회적으로 더 많은 기회와 힘을 갖고 있다. 물론 현재는 가정에서 부부 간의 권력이 이전 세대보다는 좀더 평등한 방향으로 나아가고 있지만, 아직 남성과 여성 집단을 비교했을 때 전 세계적으로 불평등이 나타나고 있다. 예를 들어 여성은 남성보다 취업률이 낮거나, CEO 등 권력의 위치에 있는 비율이 현저하게 낮고, 소득수준도 낮다. 그리고 다양한 불평등성을 보여주는 통계도 여전히 쉽게 볼 수 있다.

그런데 남성이 여성에 비해서 상대적으로 권력과 기회와 특권을 가지고 있는 것은 사실이지만, 이는 남성에게 해가 되기도 한다. 남성이 끊임없이 경쟁하고, 감정을 숨기고, 공격적이어야 하고, 냉혹한 조직문화에서 살아남아야 하고, 다른 남성과 친밀한 관계를 맺지 못하는 것 등은 남성의 사회적·신체적 문제(정신건강, 자살, 타인에 대한 혐오, 심장질환, 공격적인 운전 등)의 원인이 된다.[171] 특히 남성들이 이러한 남성성의 어두운 면을 더 많이 내재화할수록 심리적 복지감이 낮고, 음주나 마약복용 등의 문제행동을 보이며, 불안

우리나라 남성들이 처한 직업 및 사회구조적인 현실은
남성의 정신건강을 위협하는
요인으로 나타났다.

이나 우울감이 높고, 타인과의 갈등상황에서 공격적이며, 신체적·정신적으로 문제가 있을 때 의사를 찾지 않는 경향이 있다.[172] 이러한 연구결과는 우리나라 남성의 건강과 질병을 이해하는 데 도움이 된다.

또한 남성들 사이에서도 소득 수준이나 계층에 따라 권력과 경제적 안정성 등에 접근할 수 있는 기회가 다르기 때문에 저소득층이나 중산층의 남성들은 상대적으로 건강문제에 더 취약하다. 특히 이러한 구조적인 제약이 오랜 세월 동안 쌓이게 될 경우 남성과 그 가족이 경험하는 건강 및 질병의 문제는 더 심각해진다.

실제로 우리나라 남성들이 처한 직업 및 사회구조적인 현실은 남성의 정신건강을 위협하는 요인으로 나타났다. 서울대학교의 가족학자 한경혜 교수과 미국 위스콘신대학교의 가족학자 송지은 연구위원은 30~50대 남성을 대상으로, 중년 남성의 건강에 가족 및 직업 특성이 미치는 영향을 규명하기 위한 연구를 진행했다.[173] 이 연구에 따르면 남성들의 직업 스트레스, 직장 내 위기감(후배들이 치고 올라오고 승진할 가능성이 없다는 느낌, 자신의 업무가 각자 가진 경험이나 지식에 비해 점점 더 어렵고 복잡해지는 것 같다는 직업적인 한계)과 같은 직업 특성과, 배우자 및 자녀와의 관계와 같은 가족특성은 우리나라 남성의 우울에 큰 영향을 미치는 것으로 나타났다. 이는 우리나라 남성의 정신건강의 문제가 직업, 가족 및 사회구조적인 특성에서 이해되어야 함을 보여준다.

# 남성의 직장 스트레스와 정신건강

　　흔히 우울증이라고 하면 대체로 슬픈 감정, 스스로
가 가치 없다는 생각, 과도한 죄책감 등의 힘들고 우울한 감정을 떠
올리지만 우울증은 이런 감정적 증상보다는 만성피로, 신체 증상, 집
중을 잘 하지 못하거나 기억력의 감퇴, 업무 효율성의 감소 등의 증
상으로 나타나는 경우가 많다.[174] 남성을 연구하는 학자들에 따르면
남성들의 우울증은 쉽게 발견되지 않는데, 이는 남성들의 우울증이
피곤함fatigue, 신경질irritability, 분노 또는 폭력, 일이나 취미에 대한 흥
미 감소, 잠에서 자주 깨는 것 등의 증상으로 나타나기 때문이다.[175]

　우울증은 자살로 이어질 수 있기에 매우 무서운 질병이다. 서울
시의 복지 관련 자료를 활용해 18세 이상의 성인 7,396명을 대상으
로 우울과 자살의 연관성을 살핀 서울대학교의 사회복지학자인 김
상경 교수의 연구[176]에 의하면, 여성은 우울증이 자살로 이어지는
확률이 낮지만, 남성은 우울증이 자살로 이어지는 확률이 높은 것
으로 나타났다. 이는 우울한 남성의 자살위험이 우울한 여성보다
높다는 것을 의미한다.

　혹 우울증이 아닌지 의심이 들면 몇몇 대형병원의 인터넷 사이트
에 마련되어 있는 우울증 자가진단 테스트를 활용해보고 의사의 도
움을 받을 수 있다. 특히 직장인들의 경우는 일 관련 압박이나 직무

스트레스로 인해 우울증을 겪을 수 있으니 직무 관련 스트레스의 정도를 한 번 살피는 것도 좋은 방법이다.

서울 아산병원 정신건강의학과의 홍진표 의사는 직장인들의 직무 스트레스를 파악할 수 있는 자가 진단표를 제시했다.[177] 이는 직장인들이 직장생활에서 느끼는 스트레스의 정도를 어느 정도 파악할 수 있게 해준다. 만약 업무 효율성이 떨어지거나 쉽게 피곤한 증상이 있다면, 가벼운 우울증이나 만성피로증후군에 해당될 수 있으니 스트레스 수준을 확인하는 것이 좋다. 다음은 홍진표 의사가 제시한 '직무 스트레스 자가 진단표'다.

1. 직장에 출근하는 것이 부담스럽거나 두렵다.

2. 내 일에 흥미가 없고 지겹게 느껴진다.

3. 최근에 업무와 관련해서 문제가 발생한 적이 있다.

4. 내 업무 능력이 남들보다 뒤떨어지는 느낌을 받는다.

5. 직장에서 업무에 집중하기 힘들다.

6. 항상 시간에 쫓기면서 일을 한다.

7. 내 업무책임이 너무 많다고 느낀다.

8. 직장에서의 일을 집까지 가져가서 할 때가 많다.

9. 업무가 내 능력과 흥미에 잘 맞지 않는다고 느낀다.

10. 내 일이 미래에 대한 전망이 별로 없다고 느낀다.

11. 요즘 나는 우울하다.

아내와 가족이 아버지에게 보내는 지지는
오늘도 무한 경쟁의 전쟁터에서 고군분투하는
아버지에게 큰 힘이 될 것이다.

12. 별다른 이유없이 긴장이 되거나 불안할 때가 있다.

13. 요즘 잠을 잘 자지 못한다.

14. 요즘 짜증이 자주 나서 배우자나 가족들과 자주 다툰다.

15. 사람들과 어울리지 않고 혼자 지내는 시간이 많다.

16. 요즘 대인관계가 원만하지 못할 때가 있다.

17. 최근 지나치게 체중이 늘거나 혹은 지나치게 체중이 빠졌다.

18. 쉽게 피곤하다.

19. 무기력감을 느끼거나 멍할 때가 있다.

20. 술, 담배를 이전에 비해 많이 한다.


　스트레스 평가는 4등급으로 채점한다. 거의 그렇지 않다가 1점, 약간 그렇다가 2점, 자주 그렇다가 3점, 거의 항상 그렇다가 4점이다. 점수를 합산해 총점이 50점이 넘으면 스트레스 경보이고, 60점이 넘으면 위험한 상황이다.


# 가족의 따스함이
# 중요하다


　　　필자의 친구의 남편은 성격이 밝고 항상 열심히 일하는 요리사였는데, 어느 날 찾아온 우울증으로 요리사를 그만두게 되었다. 다행히 우울증은 오래가지 않았고, 일 년 반 후에 완치되었다. 하지만 처음 약 3달 동안 밖에 나가려고 하지도 않았고, 부부 싸움도 잦았다. 이런 어려움에도 친구의 남편이 정신과에 가는 것은 쉽지 않았다. 우선은 가려고 하지 않았고, 또 비용 문제 때문에 갈 수가 없었다. 미국에서는 보험이 좋지 않으면 정신과 치료비용이 보험처리가 되지 않아 약 50분 진료를 받는 데 한국 돈으로 최소 25만~30만 원을 지불해야 한다. 그런데 어느 순간 필자의 친구는 남편을 이렇게 두면 죽을지도 모른다는 두려움이 몰려왔고 그때 정신이 번쩍 들었다고 한다. 그 이후로 오빠와 부모님을 동원해서 남편을 밖으로 끌고 나가 매일 동네를 걷기 시작했다. 1년이 지나면서 친구의 남편은 서서히 상태가 좋아지기 시작했고, 지금은 완치되어서 건강하게 생활하고 있다.

필자의 친구의 삶에서 나타나듯이 남성들에게 가족의 친밀감과 지지는 행복심리 및 정신건강에 중요한 요인이다. 중년 남성들을 대상으로 이들의 행복심리를 조사한 연구[178]에서, 이들은 자녀와 친밀감이 높을수록, 아내와 인지적·정서적으로 높은 친밀감을 가질수록, 부모 부양의 부담으로 인해 부모와의 관계가 부정적이라고 느끼지 않을수록, 친구와 직장동료로부터 사회적 지지를 많이 받을수록, 그리고 직장에서 주어진 직무에 만족할수록 더 많은 행복심리를 경험했다. 이는 부부관계가 친밀하고 안정적이며, 가족 이외의 관계에서 지지를 받는 것이 남성의 행복과 연관된다는 것을 보여준다.

　우리나라와 미국에서 진행된 남성과 여성의 정신건강과 가족생활에 대한 연구[179]에서, 우리나라 직장 남성들은 가족생활에서 부정적이거나 나쁜 일로 인해서 직장생활에 방해를 받을수록 미국 남성들에 비해서 정신건강 상태가 낮은 것으로 나타났다. 즉 우리나라 직장 남성들은 가족생활에서 어려움을 겪고, 이것이 직장생활까지 영향을 끼치게 될 때, 미국 직장 남성들에 비해 정신건강에 타격을 받는다. 저자들이 언급했듯이, 이는 한국 남성들은 가족 역할보다 직업 역할에 우선순위를 두는 것이 바람직한 남성상으로 여겨지는 문화에 살기 때문에 가족 역할로 직업 역할이 방해받는 상황은 정신건강을 저해하는 요인으로 작용할 수 있다는 의미다. 또한 이 연구는 남성 자신이 가족 역할을 재정의하고, 나아가 남성들에게 배우자와 직장동료 및 상사의 지지가 절실함을 시사한다. 아내와 가족이 아버지에게 건네는 따뜻한 말과 응원은 오늘도 무한 경쟁의 전쟁터에서 고군분투하는 아버지에게 큰 힘이 될 것이다.

# 자신을
## 돌아보기

1 ─ 나의 직무 스트레스는 어느 정도 되는가?

2 ─ 우리 가족은 나의 직장생활의 어려움을 이해하고 지지하는 편인가? 만약
그렇지 못하다면 어떤 감정이 드는가?

3 ─ 아내는 나의 직장생활의 어려움에 대해 얼마나 지지하는가? 혹 지지가
부족하다고 느낀다면 이에 대한 감정들을 솔직히 표현하고 지지를 구해
보자.

4 ─ 나는 전통적인 남성성을 고수하려는 편인가? 전통적인 남성성을 고수하
는 경우 건강의 위협이 더 높을 수 있다는 것을 고려했을 때, 내가 변화되
어야 하는 것은 무엇이 있는가?

# 더 많이 함께하는 가족

.

가족과 함께 식사를 하는 자녀들은 그렇지 않은 자녀들보다 건강하고 행복하다.
가족식사 시간은 아주 짧지만 자녀의 건전한 발달과 성장을 낳는 마법이다.

.

필자가 자라면서 어머니 아버지가 늘 강조하셨던 것 중 하나는, 가족은 무슨 일이 있어도 한 끼의 식사는 함께해야 한다는 것이었다. 대학교를 다닐 때 친구들과 놀다가 밤늦게 들어와서 다음 날 늦잠을 자고 싶을 때도, 미국에서 잠시 한국을 방문했을 때 시차 때문에 낮과 밤이 바뀌어 적응하는 동안에도 어머니는 집요하게 가족들과 아침밥을 먹게 하셨다. 필자가 공부를 한다고 늦게까지 잠을 못자다 새벽에나 잠이 들었을 때도 어머니의 가족이 함께하는 식사에 대한 열정은 변함이 없으셨다. 조금 창피하지만 필자가 박사공부를 한다고 미국에 건너가기 전까지는 어머니가 가족들이 함께 식사를 하도록 애쓰셨던 것이 무슨 의미인지 전혀 몰랐었다.

지금 생각해보면 필자의 어머니와 아버지뿐만 아니라 윗세대 어른들은 지혜로우셨던 것 같다. 지금은 가족에 대해 연구하는 학자들이 가족이 함께하는 식사가 가족에게 미치는 중요성을 과학적으로 밝혀내어 가족식사를 강조하고 있다. 하지만 가족식사의 중요성이 과학적으로 규명되지 않았던 시대를 살았음에도 이를 강조하셨던 어른들을 보면 이분들은 삶의 통찰이 있었다는 생각을 한다.

필자를 포함한 사회과학자들은 대부분의 사람들이 당연시 여기는 현상들이나 주변에서 일어나는 일들에 대해 예측하고, 이해하고, 설명하고 싶어한다. '가족시간'과 '가족식사'도 그 중 하나다. 함께하는 가족식사는 가족생활에 어떤 중요성과 의미를 갖는가? 가족식사는 아버지 역할이나 아버지에게 어떤 영향을 미치는가? 가족식사는 자녀의 성장발달이나 가족관계에 어떻게 도움이 되는가? 단지 20~30분 동안 함께하는 식사가 왜, 어떻게 중요한 것인가? 가족과 식사를 하는 동안에 어떤 일이 일어나기에 가족학자들은 가족이 함께 식사하기를 권장하는가? 밥을 같이 먹기만 하면 가족과 자녀들에게 다 좋은 것일까? 가족학자들은 이러한 다양한 질문들에 답을 하려는 시도들을 해왔다.

청소년 자녀들이 부모, 특히 아버지와 함께하는
식사나 식사 중 의사소통은
자녀의 삶의 만족도에 더 강력한 영향을 미친다.

# 가족식사의
# 놀라운 마법

미국의 시사잡지 〈타임〉은 2006년에 가족식사와 자녀의 발달의 연관성에 대한 연구결과에 기초해 '가족식사의 마법 the magic of the family meal'이라는 기사[180]를 발표했다. 이 기사는 가족식사와 청소년 자녀의 성장발달에 대한 미국 컬럼비아대학교의 중독과 물질남용센터에서 수행한 연구의 결과를 중심으로 이 분야의 연구들을 요약해 보고했다. 보고의 핵심은 가족과 함께 식사를 하는 청소년 자녀들은 그렇지 않은 자녀들보다 더 건강하고, 더 행복한 학생이라는 것이다. 즉 가족과 식사를 더 자주하는 청소년들은 담배를 덜 피우고, 마약을 덜 복용하고, 우울감이 덜 하고, 자살생각을 덜 하며, 학교생활을 잘한다는 것이다. 이를 통해 가족식사 시간은 아주 짧지만 자녀의 건전한 발달을 낳는 마법이고, 이 가족식사의 전통을 다시 고수해야 한다고 강조했다. 사실 이 연구결과 외에도 미국의 이 분야의 연구들은 부모가 아동기나 청소년기의 자녀와 함께하는 식사 시간이 자녀의 음식섭취, 비만감소, 심리적 복지감의 증가, 비행의 감소, 긍정적인 가족 상호작용 등과의 연관성을 입증해 왔다.[181] 하지만 학자들은 가족식사 자체가 자녀에게 유익한 결과를 낳는다고는 말할 수 없다고 지적한다. 이는 식사를 자주 하는 가족들은 그렇지 않은 가족들과는 다른 특징들(가족관계의 질, 엄마의 취업 유무, 부모의 교육 수준 등)을 보이기 때문이다.

그럼에도 불구하고 우리나라에서도 이러한 가족식사 시간은 가족과 자녀에게 어느 정도 '마법'으로 나타나고 있다. 대전지역의 5·6학년 초등학생 610명을 대상으로 한 연구에서, 저녁에 가족들이 함께 식사를 하는 빈도가 높은 학생들 집단에서는 그렇지 않은 학생들 집단보다 화목, 행복감, 자존감, 만족감이 더 높게 나타났다.[182] 또한 서울과 수도권에 거주하는 초등학교 4·5·6학년 자녀의 사회성과 가족식사와의 연관성에 대한 연구[183]에서도 가족이 함께 식사를 준비하는 빈도가 높을수록, 그리고 함께 외식하는 빈도가 높을수록 자녀의 준법성이 높아지는 것으로 나타났다.

가족식사에 대한 연구에서 흥미로운 사실은 가족식사 시간의 아버지-자녀 간 의사소통과 대화는 어머니-자녀 간 의사소통과 대화보다 청소년의 삶의 만족도에 더 강력한 영향을 미친다. 서울대학교의 가족학자들인 배희분, 옥선화 교수, 양경선, Grace Chung 교수는 청소년의 삶의 만족도와 가족식사와의 연관성에 대한 연구[184]에서 이를 밝혔는데, 이러한 연구결과는 자녀가 아버지와 함께하는 식사의 중요성을 잘 보여준다. 이 연구는 청소년 자녀들은 어머니와 더 많은 시간을 보내고 대화를 하지만, 아버지와의 대화가 자녀에게 미치는 영향이 더 크다는 것을 시사하는 연구결과와 맥을 같이한다고 저자들은 말한다.[185]

# 가족식사는 왜 신비로운
# 마법과 같은 것일까?

사회과학자들은 가족식사 시간에 대체 어떤 일이 일어나기에 가족식사가 자녀의 성장발달에 유익한지를 규명하려고 노력해왔다. 서구의 학자들은 몇몇 가능한 설명을 제시하고 있다.[186]

하나는 '양육방식접근parenting style approach'인데, 이는 식사시간에 부모가 자녀에게 민감하게 반응해 좋은 식사 분위기를 형성하는 것이 자녀의 건전한 발달을 가져온다는 설명이다. 부모는 자녀와 함께하는 식사 시간 동안에 아이의 생각과 요구가 무엇인지 귀담아 듣고 잘 응해줌으로써 아이의 긍정적인 발달을 촉진한다는 것이다. 또 다른 접근은 '가족경영접근family management framework'이다. 이는 식사준비를 위해 가족 구성원에게 역할을 부여하고, 식사 동안 자녀의 행동을 조절하며 자녀와 의사소통을 하는 것이 자녀의 긍정적인 발달과 연관이 있다는 설명이다.

이 2가지 설명은 함께하는 식사 시간에 자녀에게 민감하게 반응하고, 자녀가 해도 되는 행동과 그렇지 않은 행동을 조절하며, 자녀에게 식사와 관련해서 적당한 역할을 잘 부여해주는 것이 자녀의 긍정적인 발달과 연관이 있다는 것을 의미한다. 미국의 연구들에서 이러한 설명이 입증되었는데, 예를 들어 식사 시간에 부모가 좋은 분위기를 만들고, 가족식사 시간을 우선순위에 두고, 식사 시간을 짜임새 있게 활용하는 것은 자녀가 좋지 않은 식습관이나 태도를 갖지 않게 해준다고 보고되었다.[187] 그리고 식사를 하는 동안 명확하고 직접적인 의사소통을 하는 가족의 자녀들은 우울이나 불안 등의 증상을 덜 보이는 것으로 나타났다.[188]

가족은 가족식사와 같은 규칙적으로 하는 의식을 통해 서로 가까워지고, 외부에서 받은 스트레스로부터 쉼을 가지며, 편안함을 느끼게 된다.[189] 특히 가족식사는 부모와 자녀가 정서적으로 연결되는 기회를 마련하고, 아이들의 학업이나 친구와의 관계를 살필 수 있으며, 부모가 가진 가치관이나 기대들을 전달할 수 있는 규칙적이고 긍정적인 맥락을 제공한다.[190] 나아가 가족식사는 '우리 가족은 어떤 특성을 갖는 가족인가?'라는 가족정체성을 형성하는 기초가 되기도 한다.[191] 식사 시간 동안에 가족이 서로에게 보이는 지지적인 태도는 자녀와 가족이 서로를 소중하게 여기고 나를 존중하고 배제하지 않는다는 경험을 하게 한다. 하지만 식사 시간 동안 이와 상반되는 반응을 서로에게 보일 때 가족은 배제되고 소외되는 경험을 하게 되고, 가족은 서로에게 차갑고 존중하지 않는다는 정체성이 만들어질 수 있다. 이렇듯 가족식사 시간은 자녀의 발달뿐 아니라 가족의 정체성을 형성하는 매우 중요한 과정이다.

이러한 연구결과는 가족이 함께 식사를 한다는 것 자체가 자녀의 건전한 발달에 영향을 미친다고 할 수 없다는 것을 보여준다. 식사 시간에 자녀와 가족에게 관심이 없고, 서로 무관심하게 대하는 것

가족식사는 부모와 자녀가 정서적으로 연결되는 기회를 마련하고,
아이들의 학업이나 친구와의 관계를 살필 수 있으며, 부모가 가진
가치관이나 기대들을 전달할 수 있는 규칙적이고 긍정적인 맥락을 제공한다.

은 청소년들의 비만과 연관이 있다는 미국의 연구결과[192]는 식사 시간에 부모가 자녀와 어떻게 식사를 하는가의 중요성을 보여주고 있다.[193] 그러므로 부모는 아이와 식사를 함께하는 빈도를 높이는 동시에 자녀와 보내는, 이 시간을 질 높게 보내야 함을 시사한다.


## 가족식사 시간의 빈도와 질을 높이기 위한 노력

보건복지부와 질병관리본부에서 발간한 '2012 국민건강통계'에는 가족식사 빈도에 대한 내용이 포함되어 있다. 이 통계에서는 아침·점식·저녁식사의 가족동반식사율의 연간 추이를 살폈다. 가족동반식사율은 대체로(일주일에 4회 이상) 가족과 함께 식사를 하는 비율을 의미한다. 이 통계에 의하면 가족이 함께 식사하는 비율은 점점 줄어드는 추세를 보였다. 2005·2008·2010·2012년에 가족이 아침식사를 주 4회 이상 함께한 비율은 62.9%, 58.6%, 54.7%, 51.3%, 저녁식사를 함께하는 비율은 76%, 68.8%, 68%, 66.4%로 나타났다.[194]

가족은 가족시간을 갖고 식사시간의 질을 높이는 노력을 기울여야 하지만, 가족의 노력만으로 이는 가능하지 않다. 가족식사 시간이 갖는 잠재적인 긍정성을 높이기 위해서는 가족뿐 아니라 사회적 차원에서의 지원이 요구된다. 정부·회사·학교 등에서 가족시간을 소중하게 여기고, 가족이 가족시간을 가질 수 있도록 도와야 한다. 현재 여성가족부는 매주 수요일을 '가족사랑의 날'로 지정해 근로자들이 집에 일찍 귀가하는 것을 장려하고 있지만, 가족식사 시간이 갖는 긍정성을 고려했을 때 좀더 세심한 시도들이 있어야 할 것이다.[195]

미국의 '남부 애리조나주의 지역사회 파트너십Community Partnership of Southern Arizona'이라는 단체에서는 '가족식사 시간을 가족시간으로 Make Mealtime Family Time'라는 캠페인을 펼쳐왔다.[196] 이 캠페인은 아동·청소년들을 마약이나 물질남용 등의 비행에서 보호하기 위한 일환으로 가족식사를 적극적으로 장려하고 있다. 이 단체는 식사시간에 자녀와 대화하는 방법, 자녀에게 마약이나 나쁜 것들에 대해서 설명하는 방법 등을 교육하고 있다.

2001년에 미국의 컬럼비아대학교에서는 가족식사가 자녀발달에 미치는 유익을 부모들에게 알리기 위해 '가족의 날Family Day'이라는 프로그램을 시작했다.[197] 가족의 식사 시간이 청소년들을 마약이나 술 등에서 멀리하게 한다는 연구결과에 기초해 컬럼비아대학교에서는 이 프로그램을 활발하게 전개하고 있다. 현재는 가족식사 시간 이외에도 가족이 함께하는 시간들을 권장함으로써 청소년들의 건전한 발달을 도모하는 것으로 확장되고 있다.

또한 이 프로그램의 중요성이 컬럼비아대학교뿐 아니라 사회적으로 인식되면서 많은 조직과 단체들에서 이 프로그램에 후원과 지원을 하고 있다. 2001년에 이 프로그램이 시작되었을 때 조지 W. 부시 대통령이 직접 '가족의 날' 프로그램을 선포했고, 2002년에 코카콜라 회사에서 후원을 시작했다. 2007년에는 50개 주의 주지사들이 이 모임과 프로그램의 중요성을 인정하고 지원하기 시작했다. 이러한 사회의 작은 움직임들은 우리 아이들이 좀더 건강하게 잘 자랄 수 있는 토양을 만든다는 측면에서 우리나라에서도 이런 시도들이 이루어졌으면 하는 바람이다.

식사 시간은 매우 짧지만, 이 시간 동안에 아빠가 자녀와 나누는 대화와 의사소통이 엄마와 나누는 대화와 의사소통보다 더 큰 영향을 갖는다는 점을 고려했을 때, 아빠들이 이 시간을 잘 활용해보는 시도를 해보면 좋을 것 같다. 그리고 이 시간이 자녀의 성장발달에 마법으로 작용할 수 있다는 서구의 연구결과는 가족뿐 아니라 사회에서도 이 시간을 장려하고 지원하는 환경을 만드는 시도가 있어야 할 것임을 시사한다.

# 자신을
## 돌아보기

1 — 나는 일주일에 최소 3회 이상은 가족과 식사를 같이하는가? 어떻게 하면 아이와 아내와의 저녁식사 시간의 빈도를 높일 수 있을까?

2 — 아버지인 내가 가족식사 시간에 청소년 자녀와 하는 대화와 의사소통이 엄마와 하는 대화와 의사소통보다 자녀의 삶의 만족도에 더 강력한 영향을 미친다는 것을 인식하고 있는가?

3 — 나는 아이와 아내와 식사를 할 때, 자녀에게 관심을 갖고, 자녀의 말을 경청하며, 자녀의 요구에 민감하게 반응하는가?

4 — 나는 가족식사 시간에 자녀와 좀더 소통하기 위해 어떤 노력을 할 수 있는가?

# 아빠와 가족을 소중히 여기는 회사와 사회

•

사무직 종사자 아버지들이 직장문화가
친가족적이라고 인식할수록 이들의 자녀양육 참여가 높다.

•

우리는 조직과 지역사회 및 사회라는 큰 환경 속에서 살아가면서 무수한 영향을 받고, 또 주면서 살아간다. 교육 정책을 포함해 수없이 많은 사회 서비스·정책·법이 만들어지거나 바뀔 때마다 온 나라가 들썩인다. 보육제도, 출산 정책, 세금 정책, 부동산 정책, 사회복지제도 등의 모든 정책들은 우리 모두의 삶에 속속들이 찾아와 우리와 우리 가족의 모습을 형성한다. 그런데 이렇게 우리 삶 안에 깊숙이 들어와 있는 정책·법·문화 등이 중요한 이유는 이것들이 우리의 현재의 삶뿐 아니라 남은 생애에 흔적을 남기면서 작동한다는 사실 때문이다.

남성과 가족에 관한 제도와 정책 및 법률도 마찬가지다. 남성이 좋은 아버지로 살아가기 위해서는 남성 개인의 노력도 필요하지만, 정부나 조직의 시도들이 현재뿐 아니라 미래의 우리 아이들과 가족의 삶, 나아가 우리나라의 모습을 형성한다는 점에서 큰 의미가 있다. 우리나라에서 「건강가정기본법」이 제정된 이후 가족을 위한 상담, 프로그램, 정책은 우리와 밀접하게 되었고, 우리가 좀더 풍성한 가족생활을 누릴 수 있도록 해주었다. 앞으로 더 많은 시도와 노력이 공적·사적 영역에서 지속적으로 전개되어야 하지만, 단기간에 우리 사회에 이러한 친가족적인 시도가 활발히 일어나고 있다는 것은 매우 고무적이다.

이 중 가족친화적 정책의 개발과 시행이 지속적으로 강조되고 있는데, 가족 친화적 정책은 "국가의 주도하에 가족, 시장, 지역사회가 함께 일련의 과정을 통해 다양한 형태의 가족들을 대상으로 가족형성, 부양, 양육, 돌봄 등 가족단위의 기능과 역량을 강화하고, 평등한 가족관계를 조성하기 위해 행하는 모든 활동"을 의미한다.[198] 현재 "육아휴직, 휴가 및 휴직제도, 탄력근무제, 재택근무제 등의 근무제도, 탁아시설 운영, 탁아비 지원, 노인 시설 확충 등의 보육 및 돌봄 제도, 상담, 양육 정보 제공 등의 근로자 지원서비스 제도, 지원금 및 장려금 지불 등의 경제적 지원제도" 등이 시행되고 있다.[199]

좋은 아버지로 살아가기 위해서는 남성 개인의 노력도 필요하지만,
정부나 조직의 시도들이 현재뿐 아니라 미래의 우리 아이들과 가족의 삶,
나아가 우리나라의 모습을 형성한다는 점에서 큰 의미가 있다.

# 친가족 정책의
# 유용성

친가족 정책은 주로 규모가 큰 사업장에만 해당되는데[200] 대규모 사업장에서도 가족 정책의 시행과 이용이 높지 않아 앞으로 조직에서의 적극적 의지가 필요하다.[201] 그런데 최근 이런 정책이 아버지의 양육 참여에 갖는 긍정적인 영향이 입증되면서, 정책 시행의 중요성이 더 부각되고 있다. 기업의 가족친화적 문화와 아버지의 자녀양육 참여와의 연관성에 대한 연구를 수행한 연세대학교의 가족학자 이숙현 교수와 권영인 연구교수는[202] 서울 소재 대기업에서 전일제로 일하는 아버지들을 대상으로 가족친화 정책의 시행과 이용도를 조사했다. 자녀 성장 지원제도(73.4%), 무급 휴가제도(64.4%), 육아 휴직제도(55.7%)만이 상대적으로 높게 시행되었고, 다른 정책은 전반적으로 시행률과 이용률이 낮게 나타났다. 그런데 이 연구에서 흥미로운 결과는 남성들이 일하는 직장에서 시행되는 친가족 정책이 많다고 인식할수록, 주당 근무시간이 짧을수록 남성들은 자녀양육에 더 참여했다는 점이다. 연구자들은 이 연구결과가 정책의 시행만으로도 남성들에게 긍정적인 영향을 줄 수 있다며 정책시행의 중요성을 한층 더 보여주었다.

친가족 정책이 갖는 긍정성에도 불구하고 연구자들은 조직문화의 변화가 함께 꼭 수반되어야 한다고 주장한다. 부성을 연구하는 미국 브라운대학교의 인류학자 니콜라스 타운센드Nicholas Townsend 교수는 남성들의 친가족 정책의 저조한 이용률은 조직문화와도 연결된다고 말했다. 휴직이나 다른 친가족제도를 이용했을 때, 남성들이 경쟁에서 뒤쳐진다는 걱정, 자녀를 전적으로 양육하는 남성에 대해 곱지 않은 동료들과 직장에서의 시각, 남성 자신들의 불편함 등으로 인해 제도를 이용하기란 쉽지 않다.[203] 그럼에도 불구하고 조직문화가 친가족적으로 변화하고 있는 것은 남성과 가족에게 매우 고무적이라고 할 수 있다. 연세대학교 가족학자인 최지은과 이숙현 교수가 수행했던 연구[204]에서, 사무직 종사자 아버지들은 직장문화가 가족 친화적이라고 평가할수록 자녀양육을 하는 수준이 높아졌다. 또한 이숙현과 권영인의 연구에서도 아버지들이 일하는 직장의 분위기가 가족 친화적일수록 아버지들은 일과 가족 간의 갈등 수준이 낮게 나타났고, 일과 가족 간의 갈등 수준이 낮을수록 양육에 더 참여하는 모습을 보였다. 연구자들은 이는 기업이 가족을 지지하는 차원에서 회사의 분위기를 변화하는 것만으로도 남성들의 일과 가정의 양립으로 인한 갈등이 줄어들고 이들이 자녀양육에 더 많이 참여할 수 있다는 것을 의미한다며 친가족적 조직문화 형성을 강조했다.

이러한 친가족 정책의 시행 및 활용과 조직문화의 변화가 남성의 양육참여에 긍정적일 수 있다는 점은 정부와 조직 및 사회에서 공동의 노력을 통해 가족친화적으로 변화시키려는 노력이 필요함을 잘 보여준다.

# 경제적 안정성과
# 아버지 역할

정책의 변화와 함께 남성들이 좋은 아버지로 살아가기 위해 정부가 할 수 있는 중요한 시도로서 직업 및 경제적 안정성을 확보하기 위한 다양한 노력을 들 수 있다. 우리나라뿐 아니라 미국의 무수한 연구들에서 남성들이 일차적으로 여기는 아버지 역할은 바로 '경제적 부양'이다.[205] 물론 이러한 추세는 조금씩 변화하고 있어 아내가 주 경제적 부양자이고, 남편이 주 양육자인 가정들도 나타나고 있기는 하다. 하지만 여전히 남성들에게 경제적 부양은 아버지의 정체성에 핵심적이므로 행여 경제적 불안정성이 증가하거나 장기적 실직이 지속될 경우, 부부관계 및 자녀 양육은 심각한 타격을 입게 될 수 있다.

가족의 경제적인 상태는 남성들의 아버지 역할과 어떤 연관이 있는가? 우리는 가족에게 경제적인 압박이 오면 아이들에게 좋지 않다는 것을 알고 있지만, 가족에게 무슨 일이 일어나기에 아이의 문제 행동 등을 촉발하는 가능성이 높아지는가?

경제적으로 어렵거나 소득이 낮다는 것이 부모 역할과 자녀발달에 어떻게 연관이 되는가를 규명하는 것은 가족학의 주요 연구 주제였다. 연결고리에 대한 설명은 주로 '스트레스 이론'을 중심으로 이루어졌는데, 이 이론은 가족이 경험하는 다양한 스트레스 사건들

경제적인 압박은 부모를 정서적으로 힘들게 한다.
즉 화, 분노, 우울, 짜증 등의 정서를 유발하고,
나아가 공격적인 행동이나 폭력 등의 문제행동을 일으킬 수 있다.

(실직, 경제적 불안정성, 질병, 이혼, 죽음 등)이 어떤 과정을 통해 가족 구성원의 삶에 영향을 미치는가에 초점을 둔다.

미국에서 30년이 넘게 사회경제적 지위와 가족에 대한 연구를 활발하게 진행해온 캘리포니아대학교의 사회학자 랜드 콩거Rand Conger 교수와 캐서린 콩거Katherine Conger 교수는 가족의 경제적인 상태가 아동 발달에 왜, 그리고 어떻게 부정적인가에 대해 설명했다.[206] 물론 경제적으로 어려운 가족의 아이들이 모두 문제 행동을 보인다는 것은 결코 아니다. 오히려 이러한 설명은 가족의 경제적인 상태와 아동발달과의 연관성을 이해하게 해주어 정부와 국회 및 회사 등에서 가족의 경제적 안정성을 확보하기 위한 노력의 필요성을 보여주는 것이라 할 수 있다.

두 교수는 경제적 어려움과 아동·청소년 발달과의 연관성을 다음과 같이 설명하고 있다. 가족의 경제적인 어려움은 경제적인 압박을 낳게 되는데, 이러한 경제적인 압박은 부모를 정서적으로 힘들게 한다. 즉 화, 분노, 우울, 짜증 등의 정서를 유발하고, 나아가 공격적인 행동이나 폭력 등의 문제행동을 일으킬 수 있다. 이러한 정서적·행동적 문제는 부부 간의 관계를 약화시키고 갈등을 증폭시킬 수 있다. 부부 간의 갈등이 높아지기 시작하면 부모는 양육에 신경을 제대로 쓸 수 없게 되고, 양육에 참여하는 것이 감소되거나 아이에게 긍정적이기보다 혹독한 방식으로 양육을 할 가능성이 높아진다. 이러한 부정적인 양육은 자녀의 정서나 문제 행동을 유발할

226

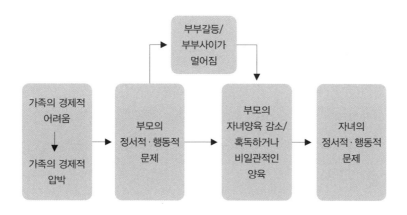

가족스트레스 이론에 기초한
부모의 경제적 상황과 자녀발달과의 연관성 모델[207]

가능성을 높인다. 이 이론은 서구의 무수한 연구에서 입증되고 있어 부모의 경제적 안정성이 얼마나 중요한가를 확인시켜준다.

여성의 임금이 남성의 임금보다 낮은 사회적 현실에서 남성의 소득감소나 상실 등으로 인한 가족의 경제적 안정성 약화의 부정적 결과는 우리가 사랑하는 자녀에게 돌아갈 수 있다. 전일제와 기간제 근로자를 모두 포함해 남녀의 월 평균 임금과 임금격차를 조사한 김난주 한국여성정책연구원 부연구위원의 연구에서, 남성은 평균 월 270만 원, 여성은 161만 9천 원을 받는 것으로 나타났다. 그리고 시간당 남녀 임금 차이는 남성은 1만 6,077원, 여성은 1만 381원으로 격차가 35.4%에 이르렀다.[208] 이러한 통계는 여성과 남성의 임금 격차 해소의 측면에서 매우 중요하지만, 임금 격차는 가족의 경제적 안정성의 측면에서도 사라져야 한다.

필자는 정부와 조직에서 가족을 소중하고 중요하게 여기는 문화를 만들어가는 것이 아버지들의 생산성을 높이고, 나아가 국가의 경쟁력을 높이는 길이라고 믿는다. 가족이 좀더 보호되고, 가족이 건강하게 살아갈 수 있는 문화를 만들고, 관련 정책과 제도를 정치처럼 중요하게 여기게 될 때 우리 아이들은 좀더 건강하게 자랄 수 있을 것이다.

## 자신을
## 돌아보기

**1** — 나는 우리 회사에서 시행되고 있는 친가족 정책에 대해 얼마나 알고 있는
가? 나는 과거에 이 제도를 활용해보았는가?

**2** — 나는 우리 회사에 있는 친가족 정책을 어떻게 적극 활용할 수 있을 것인가?

# 좋은 아버지로의 여정을 마치며

필자는 본서에서 가족과 자녀들에게 아버지는 얼마나 중요한 존재이고, 지금 시대에 자녀에게 좋은 아버지로 살아간다는 것이 어떤 것인지를 풀어나갔다. 필자는 남성들이 좋은 아버지로 살아가는 것은 자녀 양육을 위해 노력하고 아내와 가족과의 따스하고 안정적인 관계를 가꿔나가는 과정임을 보여주었다. 그리고 아버지가 자녀와 가족과 함께 좀더 많은 시간을 보내고 가족에 집중할 수 있도록 지원하는 정책과 제도 및 조직 문화의 변화도 강조했다.

필자는 이 책을 읽는 아버지들이 좋은 아버지가 되기 위해서 더 잘해야 하거나 더 많이 변화되어야 한다고 주장하지 않는다. 필자는 아버지들이 속한 다양한 가족과 직장 및 경제적 상황 등을 고려해, 자신들에게 필요한 내용을 취해서 적용해보기를 바란다. 그리고 무엇보다도 필자는 독자들이 이 책을 읽는 동안 위로받고 회복되기를 바라고, 또 좋은 아버지로 살아가는 것이 어떤 것인가를 다시 한번 생각해보는 기회를 갖기 바란다.

부성 변화의 핵심에는 남성성의 변화가 있다. 부성의 변화는 시대적으로 어떤 남성이 바람직한지 혹은 그렇지 않은지가 녹아 있다. 필자는 남성들이 아버지로서의 의무와 희생을 하는 것이 남성적 가치라는 것이 받아들여지고, 좋은 남편과 좋은 아버지가 되는 것이 남자다운 것이라는 세상[209]이 오고 있는 것은 아닐까 생각한다. 필자는 경제적 능력, 명예, 권력 등을 추구하느라 가족을 잘 챙기지 못하는 남성들보다 아내와의 사랑과 자녀를 위한 책임과 희생을 다하는 남성들이 존중받고 존경받는 사회가 되기를 바란다.

마지막으로 필자가 좋아하는 영화에 대한 이야기로 본서를 마감하려 한다. 필자는 배우 윌 스미스가 한때는 노숙자로 살았지만 성공한 크리스 가드너를 연기했던 영화 〈행복을 찾아서the pursuit of happyness〉를 좋아한다. 윌 스미스의 연기가 탁월했던 이 영화는 제목에서도 나타나듯이 보는 이들에게 과연 행복은 무엇일까를 다시금 생각하고 느끼게 했다. 하지만 필자에게 이 영화는 포기만이 선택일 것 같은 상황에서 가족과 아들을 위해 꿈을 포기하지 않고, 늘최선을 다해 치열하게 살아가는 한 아버지의 이야기였다. 그가 아버지로서 느꼈던 감정들, 그가 했던 모든 행동들, 그가 내렸던 순간

순간의 결정들, 그가 아들과 나누었던 모든 대화와 시간들은 아버지로 살아간다는 것이 어떤 것인지를 가슴 깊이 느끼게 했다.

크리스 가드너는 휴대용 골밀도 측정기를 판매하는 세일즈맨인데, 기계가 잘 팔리지 않다보니 집세와 세금을 내지 못하고 아내까지 떠나는 시련을 겪는다. 그는 살 집도 잃고, 음식을 살 돈도 떨어지면서 결국 아들과 노숙자가 되고 만다. 그는 아들과 함께 늘 짐가방을 들고 다니며 좀처럼 팔리지 않는 기계를 팔러 다니고, 하루를 마감할 때면 아들과 하룻밤을 지낼 곳을 찾는다. 하지만 이런 앞이 캄캄한 상황 속에서 그는 무보수 주식중개인 인턴을 하면서 자신의 꿈을 일궈나간다.

그러나 손에 잡히지 않는 희망만으로 지금의 삶을 감당해내는 것은 쉽지 않다. 어느 날 크리스 가드너는 지하철역 화장실에서 밤을 보내기 위해 아들을 화장실로 데려와 편하게 잠을 잘 수 있도록 문을 잠근다. 잠시 후 그는 누군가가 밖에서 화장실 문을 마구 두드리는 소리를 듣는다. 그 순간 그는 화장실 바닥에서 휴지를 깔고 자신을 베개 삼아 잠을 자는 아들을 바라보는데, 그에게는 이때 삶의 무게와 참담함과 절망감이 밀려온다. 그는 자신이 느끼는 고통의 소리가 문 밖에서 들릴까봐 눈물을 애써 참지만 흐르는 눈물은 멈추지 않는다. 하지만 이런 희망이 보이지 않는 상황 속에서 크리스 가드너는 다음 날 또다시 자신에게 주어진 삶에 도전한다. 그는 절대로 포기하지 않았다. 결국 6개월 이후에 그는 그토록 원하던 주식중

개인으로 정식입사하게 된다.

이 영화에서 그려진 크리스 가드너의 삶은 많은 남성들의 아버지로서의 삶과 크게 다르지 않다는 생각을 한다. 아버지라는 이름은 남성들에게 짓누르는 현실을 뚫고 나가게 하고, 무너질 것 같은 상황에서도 다시 일어나 도전을 이겨내게 하는 그런 엄청난 힘을 가지고 있다. 그리고 크리스 가드너와 아들의 관계에서도 나타나듯이 아버지는 자신뿐 아니라 가족과 아이들에게 살아갈 힘을 불어넣어 주는 중요한 존재다.

나는 아버지들이 자녀와 가족에게 이런 존재라는 것을 깨닫고 오늘도 좋은 아버지로서의 여정에 힘차게 발을 내딛기를 소망한다.

김성은

주
___

1  다양한 가족형태-한부모가족, 기러기가족, 조손가족, 입양가족, 미혼모가족 등-의 아버지 역할과 아버지의 양육에 대한 연구들은 매우 제한적이어서 필자는 연구가 축적된 두부모가족과 이혼가족의 아버지 역할과 양육을 중심으로 본서를 서술해나갈 것이다. 그리고 필자는 본서에서 폭력, 중독, 외도 등으로 인한 고통을 겪는 가족의 아버지 역할에 대한 내용은 제외할 것이다.

2  최근 들어 아버지와 남편에 관한 연구, 출판물, 아버지운동 등의 급증은 이런 변화의 추세들을 잘 반영하고 있다.

3  김정환(2013), '한국 젊은 세대 아버지상과 아버지 역할 실천방식에 대한 연구', 2013년 한국가족학회 추계학술대회 발표논문. Daly, K. (1993). Reshaping fatherhood: finding the model. *Journal of Family Issues*, 14, 510~530.

4  김혜영, 황정미, 선보영, 김동기(2008), '남성의 부성경험과 갈등에 관한 연구'. 한국여성정책연구원.

5  김혜영, 황정미, 선보영, 김동기(2008), '남성의 부성경험과 갈등에 관한 연구'. 한국여성정책연구원. Kaufman, G. (2013). *Superdads: how fathers balance work and family in the 21st century*. New York: NYU Press.; Kwon, Y., & Roy, K. (2007). Changing expectations for work and family involvement among Korean fathers. *Journal of*

*Comparative Family Studies*, 38(2), 285~305. Levine, J., & Pittinsky, T. (1997). *Working fathers: new strategies for balancing work and family*. New York: Harcourt Brace.

**6** 이는 부부가 행복하지 않으면 아버지들이 자녀양육을 잘 못하고 자녀와 관계가 좋지 않다는 의미는 결코 아니다. 나는 좋은 아버지가 되는 데 있어 부부가 서로 협력하고 관계를 든든하게 했을 때 자녀에게 나타나는 성장발달의 유익을 강조한다.

**7** Cummings, M., Merrilees, C., & George, M. (2010). Fathers, marriages, and families: revisiting and updating the framework for fathering in family context. In Lamb. M. (Ed.), *The role of the father in child development* (pp.154~176). New York : Wiley. Gable, S., Crnic, K., & Belsky, J. (1994). Coparenting within the family system; influence on children's development. *Family Relations*. 43, 380~386. Lamb. M., & Lewis, C. (2010). The development and significance of father-child relationships in two-parent families. In Lamb. M. (Ed.), *The role of the father in child development* (pp. 94~153). Lamb, M., & Lewis, C. (2013). Father-child relationships. In n Cabrera, N., & Tamis-LeMonda, C. (Eds.), *Handbook of father involvement* (pp.119~134). New York: Routledge.

**8** Easterbrooks, M. A., & Goldberg, W. A. (1984). Toddler development in the family: impact of father involvement and parenting characteristics. *Child Development*, 53, 740~752.

**9** Heinicke, C. M., & Guthrie, D. (1992). Stability and change in husband-wife adaptation and the development of the positive parent-child relationship. *Infant Behavior and Development*, 15, 109~127.

**10** Lundy, B. L. (2002). Paternal socio-psychological factors and infant attachment: the mediating role of synchrony in father-infant interactions. *Infant Behavior and Development*, 25, 221~236.

**11** Cox, M. J., Owen, M. T., Lewis, J. M., & Henderson, U. K. (1989). Marriage adult adjustment and early parenting. *Child Development*, 60, 1015~1024.

**12** Lundy, B. L. (2002). Paternal socio-psychological factors and infant attachment; the mediating role of synchrony in father-infant interactions. *Infant Behavior and Development*, 25, 221~236.

**13** Institute for American values (2003), *Hardwired to connect; the new scientific case for authoritative communities*. New York: Institute for American Values. Johnson, S. (2014). *Love sense: the revolutionary new science of romantic relationships*. New York: Little, Brown and Company.

**14** 곽금주, 민하영, 김경은, 최지영, 전숙영(2011), '중년 직장 남성의 가족관계, 가족외 관계 및 직무만족이 행복심리에 미치는 영향', 인간발달연구, 18(3), 115~133.

**15** 학자들마다 아버지 역할에 대한 정의가 다르지만, 보편적으로 이 3가지 영역을 아버지 역할로 정의하면서 연구에서 사용되고 있다.

**16** Pleck, J. (2010). Paternal involvement: revised conceptualization and theoretical linkages with child outcomes. In Lamb, M. (Ed.), *The role of the father in child development* (pp.58~93). New York: Wiley. Roggman, L., Bradley, R., & Raikes, H. (2013). *Fathers in family context*. In Cabrera, N., & Tamis-LeMonda, C. (Eds.), *Handbook of father involvement* (pp.186~201). New York: Routledge.

**17** Grossmann, K., Grossmann, K. E., Fremmer-Bombik, E., Kindler, H., Scheuere-Englisch, H., & Zimmerman, P. (2002). The uniqueness of the child-father attachment relationship: fathers' sensitive and challenging play as a pivotal variable in a 16-year longitudinal study. *Social Development*, 11, 307~331. Snarey, J. (1993). *How fathers care for the next generation: a four-decade study*. Cambridge: Harvard University Press.

**18** Leidy, M., Schofield, T., & Parke, R. (2013). Fathers' contributions to children's social development. In Cabrera, N., & Tamis-LeMonda, C. (Eds.), *Handbook of father involvement* (pp.151~167). New York: Routledge.

**19** Aldous, J., & Mulligan, G. M. (2002). Fathers' child care and children's behavioral problems: a longitudinal study. *Journal of Family Issues*, 23(5), 624~647. Flouri, E., & Buchanan, A. (2002). Life satisfaction in teenage boys: the moderating role of father involvement and bullying. *Aggressive Behavior*, 28, 127~133. Flouri, E., & Buchanan, A. (2003). The role of father involvement in childn'res later mental health. *Journal of Adolescence*, 26(1), 63~78. Harris, K. M., Furstenburg, F. F., & Marmer, J. K. (1988). Paternal involvement with adolescents in intact families: the influences of fathers over the life course. *Demography*, 35(2), 201~216.

**20** 가정을 건강하게 하는 시민의 모임(2011). '아버지의 부모역할 수행과 자녀의 발달특성의 관련성 메타분석'(p.2, 3).

**21** 다양한 상황들에서 자녀를 어떻게 양육하고 대해야 하는가를 알기 원하는 아버지들은 이미 출판된 양육 관련 도서들을 참고하기 바란다.

**22** 물론 시대마다 신분에 따라 얼마나 가족 구성원이 생산과 재생산의 활동을 함께했는지는 차이가 있다. 그리고 남자들이 징용을 갔던 일제강점기는 예외적이다. 김성희, 이기영(2007), '조선시대 가사노동의 성별분업: 풍속화 분석을 중심으로', 한국가족자원경영학회지, 11(3), 1-21. 이기영, 김성희, 이현아(2007), '조선시대 양반가의 남녀 간 가내노동 분담: 보완적 역할 수행에 관한 연구', 한국가족자원경영학회지, 11(4), 115~126.

**23** 낸시 피어시, 『완전한 진리Total truth: liberating christianity from its cultural captivity』(홍병룡 옮김, 복있는 사람, 2006). 김성희, 이기영(2007), '조선시대 가사노동의 성별분업: 풍속화 분석을 중심으로', 한국가족자원경영학회지, 11(3), 1~21. 물론 김성희와 이기영이 지적했듯이 조선시대에 모든 것들이 집에서 자급자족되지는 않았고, 구매를 통해서 의식주를 해결하기도 했다. 하지만 중요한 것은 가

족은 지금과는 확연히 다르게 생산과 재생산이 모두 일어나는 기본단위였다.

**24** 김성희, 이기영(2007), '조선시대 가사노동의 성별분업: 풍속화 분석을 중심으로', 한국가족자원경영학회지, 11(3), 1~21.

**25** 김성희(2009), '일-가정 양립 실태와 사회적 지원의 방향성 비교 - 가족친화적이었던 조선시대를 중심으로', 한국가족자원경영학회지, 13(4), 1~16.

**26** 최기영, 이정미(2000), '조선시대 회화에 나타난 아동 특성', 한국영유아보육학, 21, 59~87. 이 논문은 저자들이 지적했듯이 조선시대의 모든 회화를 분석하지 않았다는 점에서 한계가 있지만, 회화를 통해 조선시대의 아동과 가족의 삶을 보여주었다는 점에서 의의가 있다.

**27** 낸시 피어시, 『완전한 진리』(홍병룡 옮김, 복있는 사람, 2006). 물론 다양한 시대와 사회마다 분리의 차이에 있어 정도가 다르지만, 일터와 가정의 확연한 분리는 산업화나 근대화 이후에 진행이 되었다는 것이 학계의 일관된 주장이다.

**28** Kwon, Y. I., & Roy, K. (2007). Changing social expectation for work and family involvement among Korean fathers. *Journal of Comparative Family Studies*, 38(2), 285~305.

**29** LaRossa, R. (1988). Fatherhood and social change. *Family Relations*, 37, 451~457. LaRossa, R. (1997). *The modernization of fatherhood*. Chicago: University of Chicago Press.

**30** 울리히 벡, 『사랑은 지독한, 그러나 너무나 정상적인 혼란(Das)Ganz normale Chaos der Liebe』(강수영 외 옮김, 새물결, 1999)

**31** Promoting responsible fatherhood and strong communities. (2014). www.whitehouse.gov/administration/eop/ofbnp/policy/fatherhood

**32** Tronick, E. (2007). *The neurobehavioral and social emotional development of infants and children*. New York: W.W. Norton & Company. Weinberg, M. K., & Tronick, E. Z. (1996), Infant affective reactions to the resumption of maternal interaction after the still-face. *Child Development*, 67, 905~914.

33  Bowlby, J. (1969). *Attachment and loss, vol 1: attachment*. New York: Basic Books. 보울비의 이론은 학자들로부터 다양한 비판을 받아왔지만, 이 이론은 여전히 심리학의 가장 영향력 있는 이론 중의 하나다.

34  Johnson, S. (2013). *Love sense: the revolutionary new science of romantic relationships*. New York: Little Brown and Company에서 재인용.

35  학자들은 엄마와 아동의 애착관계를 측정하는 방식strange situation으로 아빠와 아동의 애착관계를 측정했지만, 이런 방법으로 측정했을 때 유의한 결과가 나타나지 않았다. 그러므로 아빠와 자녀 사이의 애착을 측정하는 다른 방법이 필요하다는 것이 제기되었다. 이에 아버지-자녀 간의 애착은 놀이 민감성father-child play sensitivity으로 측정하게 되었다.

36  Grossman, K., Grossman, K., Fremmer-Bombik, E., Kindler, H., Scheuerer-Englisch, H., & Zimmerman, P. (2002). The uniqueness of the child-father attachment relationships: fathers' sensitive and challenging play as a pivotal variable in a 16-year longitudinal study. *Social Development*, 11, 3, 307~331.

37  심다혜, 이승연(2015), '중학생의 아버지 애착과 역기능적 분노표현 간의 관계: 정서인식명확성과 자기효능감의 매개효과', 한국심리학회지: 발달 28(2), 41~61에서 재인용. Cabrera, N. J., Tamis-LeMonda, C. S., Bradley, R. H., Hoferth, S., & Lamb, M. E. (2000). Fatherhood in the twenty-first century. *Child Development*, 71, 127~136.

38  심다혜, 이승연(2015), '중학생의 아버지 애착과 역기능적 분노표현 간의 관계: 정서인식명확성과 자기효능감의 매개효과', 한국심리학회지: 발달 28(2), 41~61.

39  Davidovitz, R., Mikulincer, M., Shaver, P., Izsak, R., & Popper, M.(2007). leaders as attachment figures: leaders' attachment orientations predict leadership-related mental representations and followers' performance and mental health. *Journal of Personality and Social Psychology*, 93(4), 632~650. Mikulincer, M., & Florian, V.

(1995). Appraisal of and coping with a real-life stressful situation: The contribution of attachment styles. *Personality and Social Psychology Bulletin*, 21, 406~414.

**40** Tronick, E., & Cohen, J. (1989). Infant-mother face-to-face interaction: age and gender differences in coordination and the occurrence of mis-coordination. *Child Development*, 60, 85~92.

**41** Tudge, J., Mokrova, I., Hatfield, B., Karnik, R. (2009). Uses and misuses of Bronfenbrenner's bioecological theory of huiman development. *Journal of Family Theory & Review*, 1, 198~210.

**42** Pleck, J. (2007). Why could father involvement benefit children? theoretical perspectives. *Applied Developmental Science*, 11(4), 1~7.

**43** 장근영, 이혜연, 배상률, 성은모, 이영교, 홍승애, 김균희(2013), '청소년이 행복한 마을 지표개발 및 조성방안 연구 I: 총괄보고서', 한국청소년정책연구원.

**44** 학자마다 따스함과 통제는 다른 단어로 표현되고 있다. 예를 들어 Becker 는 acceptance/rejection, psychological control/psychological autonomy, firm control/lax control로 명명해 연구했다.

**45** Barber, B., Stolz, H., & Olsen, J. (2005). Parental support, psychological control, and behavioral control: assessing relevance across time, culture, and method. Abstract. *Monographs of the Society for Research in Child Development*, 70(4), 1~14.

**46** 박보경(2002), '아동의 인성특성과 부모-자녀 관계 및 부모 간 갈등과 또래 괴롭힘', 이화여자대학교 석사학위 논문. 이선이, 이여봉, 김현주(2008), '부모와 청소년 자녀의 성별에 따른 지지적·통제적 양육행동: 5개국 비교 연구', 한국인구학, 31(2), 45~76. Vangelisti, A. L. (1992). 'Older adolescents' perception of communication problem with their parents. *Journal of Adolescent Research*, 7, 382~402.

**47** 이여봉, 김현주(2008), '부모와 청소년 자녀의 성별에 따른 지지적·통제적 양

육행동: 5개국 비교 연구', 한국인구학, 31(2), 45~76. Fuligni, J. & Eccles, J. (1993). Perceived parent-child relationships and early adolescents' orientation towards peers. *Developmental Psychology*, 29, 622~632.

48  Hagan, J. (1991). Destiny and drift: subcultural preferences, status attainment, and the risks and rewards of youth. *American Sociological Review*, 56, 567~582.

49  Bean, R., Barber, B., & Crane, R. (2006). Parental support, behavioral control and psychological control among African American youth. *Journal of Family Issues*, 27(10), 1335~1355. Shek, D. (2006). Perceived parental behavioral control and psychological control in Chinese adolescents in Hong Kong. *American Journal of Family Therapy*, 34(2), 163~176.

50  Bean, R., Barber, B., & Crane, R. (2006). Parental support, behavioral control and psychological control among African American youth. *Journal of Family Issues*, 27(10), 1335~1355. Barber, B., Stolz, H., Olsen, J., Collins, A., & Burchinal, M. (2005). III. U.S. Sample and measures. *Monographs of the Society for Research in Child Development*, 70(4), 21~25. Kerr, M., & Stattin, H. (2000). What parents know, how they know it, and several forms of adolescent adjustment: further support for a reinterpretation of monitoring. *Developmental Psychology*, 36(3), 366~380. Laird, R. D., Pettit, G. S., Bates, J. E., & Dodge, K. A. (2003). Parents' monitoring-relevant knowledge and adolescents' delinquent behavior: Evidence of correlated developmental changes and reciprocal influences. *Child Development*, 74, 752~768. Stattin, H., & Kerr, M. (2000), Parental monitoring: a reinterpretation. *Child Development*, 71, 1072~1085.

51  Kerr, M., & Stattin, H. (2000). What parents know, how they know it, and several forms of adolescent adjustment: further support for a

reinterpretation of monitoring. *Developmental Psychology*, 36(3), 366~380.

**52** Peck, S. (1985). *The road less traveled: a new psychology of love, traditional values, and spiritual growth*. New York: Touchstone.

**53** DeGenova, M. (2006). *Intimate relationship, marriage, and families*. Boston: McGrawhill.

**54** Paquette, D. (2004). Theorizing the father-child relationship: mechanisms and developmental outcomes. *Human Development*, 47, 193~219.

**55** 이디스 쉐퍼, 『하나님의 방법으로 훈육하라A celebration of children』(임경수 옮김, CUP, 2011).

**56** 이여봉, 김현주(2008), '부모와 청소년 자녀의 성별에 따른 지지적 · 통제적 양육행동: 5개국 비교 연구', 한국인구학, 31(2), 45~76.

**57** Yang, S., & Rettig, K. (2003). The value tensions in Korean-American mother-child relationships while facilitating academic sucess. *Personal Relationships*, 10, 249~269.

**58** 박영신, 김의철(2004), 『한국의 청소년 문화와 부모자녀관계-토착심리 탐구』, 교육과학사.

**59** 김선미, 고하영, 박수현, 양은주(2012), '메타분석을 통한 국내 아동 · 청소년의 우울 관련 변인 탐색', 한국심리학회지: 문화 및 사회문제, 18(4), 533~555.

**60** Harter, S. (1993). Causes and consequences of low self-esteem in children and adolescents. In R. Baumeister, (Ed.), *Self-esteem: the puzzle of low self-regards* (pp.87~116). New York: Plenum Press.

**61** 조세핀 킴(2011), 『우리 아이 자존감의 비밀』, 비비북스.

**62** 자아존중감과 부모의 양육태도에 관한 국내외의 연구는 민규영, 신민섭, 송현주(2013), '지각된 아버지 양육행동이 청소년의 불안에 미치는 영향-자존감을 매개 변인으로', 한국심리치료학회지, 5(1), 1~16에 잘 정리되어 있다.

**63**  Bandura, A. (1982). Self efficacy mechanism in human agency. *American Psychologist*, 37, 122~147.

**64**  김양숙(1995), '부모-자녀 간 의사소통유형과 청소년의 자아존중감 및 내외통제성과의 관계', 서울여자대학교 석사학위논문.

**65**  민규영, 신민섭, 송현주(2013), '지각된 아버지 양육행동이 청소년의 불안에 미치는 영향-자존감을 매게 변인으로', 한국심리치료학회지, 5(1), 1~16에서 재인용함. 박영림, 최해림(2002), '아동의 자아존중감과 부, 모, 애착, 부부갈등 지각 간의 관계', 한국심리학회지: 상담 및 심리치료, 14(3), 741~755. Menon, M., Tobin, D., Corby, B. C., Hodges, E. V., & Perry, D. (2007). The development costs of high self-esteem for antisocial children. *Child Development*, 78(6), 1629~1639.

**66**  버지니아 사티어, 『가족힐링The new peoplemaking』(강유리 옮김, 푸른육아, 2012).

**67**  Hooley, J., Gruber, S., Scott, L., Hiller, J., & Yurgelun-Todd, D. (2005). Activation in dorsolateral prefrontal cortex in response to maternal criticism and praise in recovered depressed and healthy control participants. *Biological Psychiatry*, 57, 809~812.

**68**  민규영, 신민섭, 송현주(2013), '지각된 아버지 양육행동이 청소년의 불안에 미치는 영향-자존감을 매게 변인으로', 한국심리치료학회지, 5(1), 1~16. 이효정(2003), '중학생이 지각한 부모의 양육태도와 자아존중감과의 관계', 숙명여자대학교 석사학위 논문.

**69**  김지영(2008), '남녀 청소년의 가족 및 또래요인과 자아존중감', 중앙대학교 석사학위논문. 민규영, 신민섭, 송현주(2013), '지각된 아버지 양육행동이 청소년의 불안에 미치는 영향-자존감을 매게 변인으로', 한국심리치료학회, 5(1), 1~16.

**70**  최인재(2014), '청소년의 학업스트레스와 자살생각과의 관계에서 자아존중감의 매개효과 및 조절효과 분석', 청소년학연구, 21(10), 219~243.

**71**  김선미, 고하영, 박수현, 양은주(2012), '메타분석을 통한 국내 아동·청소년의 우울 관련 변인 탐색', 한국심리학회지: 문화 및 사회문제, 18(4), 533~555.

72  김지영(2008), '남녀 청소년의 가족 및 또래요인과 자아존중감', 중앙대학교 석사학위논문. 민규영, 신민섭, 송현주(2013), '지각된 아버지 양육행동이 청소년의 불안에 미치는 영향 - 자존감을 매개 변인으로', 한국심리치료학회, 5(1), 1~16.

73  김영한, 조아미, 이승하(2013), '청소년 문제행동 저연령화 실태 및 정책 과제 연구', 한국청소년정책연구원.

74  아동·청소년의 자아존중감과 아버지 역할에 관해 국내에서 출판된 논문들과 학위논문들을 보기 원하면, 민규영, 신민섭, 송현주(2013), '지각된 아버지 양육행동이 청소년의 불안에 미치는 영향 - 자존감을 매개 변인으로', 한국심리치료학회지, 5(1), 1~16을 참조하기 바란다.

75  손미리, 류점숙, 신효식(1995), '청소년이 지각한 아버지의 역할수행과 자아존중감에 관한 연구', 한국가정과교육학회지, 9(1), 179~191.

76  최은실(2003), '청소년기 자녀가 지각한 아버지의 양육행동과 자녀의 자아존중감과의 관계', 단국대학교 교육대학원 석사학위논문.

77  민규영, 신민섭, 송현주(2013), '지각된 아버지 양육행동이 청소년의 불안에 미치는 영향 - 자존감을 매개 변인으로', 한국심리치료학회지, 5(1), 1~16.

78  버지니아 사티어, 『가족힐링』(강유리 옮김, 푸른육아, 2012).

79  김현순(2014), '청소년의 학업스트레스와 우울 간의 관계에서 자아존중감의 종단매개효과 검증', 청소년학연구, 21(3), 409~437.

80  아동의 연령과 발달단계에 따라 부모가 어떻게 상호작용을 해야 하는가는 아동발달 관련도서에 이미 잘 기술되어 있기에, 이 부분에 대해 알기를 원하는 독자들은 관련 도서들을 참고하기 바란다. 본 장은 가족들 간의 감정과 정서의 소통에 중심을 두고 부모-자녀 간의 의사소통에 대해 논한다.

81  Zajonc, R. B. (1998). Emotions. In Gilbert, D., Fiske, S., & Lindzey, G. (Eds.). *The handbook of social psychology* (4th ed., pp.591~632). New York: Oxford University Press.

82  Blechman, E. A. (1990). A new look at emotions and the family: a model of effective family communication. In Blechman, E. (Ed.),

*Emotions and the family* (pp.201~224). Hillsdale, NJ: Lawrence Erlbaum Associates. Fitness, J., & Duffield, J. (2003). Emotion and communication. In Vangelisti, A. (Ed.). *Handbook of family communication* (pp.473~494). New York: Routledge.

**83** Berscheid, E. (1983). Emotion. In Kelly, H. J., Berscheid, A., Christensen, J. H., Harvey, T. L., Huston, G., Levinger, E., McClintock, E., Peplau, L. A., & Peterson, D. R. (Eds.). *Close relationships* (pp.110~168). San Francisco: Freeman.

**84** Andersen, P., & Guerrero, L. K. (1998). Principles of communication and emotion in social interaction. In P. Andersen & L. Guerrero (Eds.). *Handbook of communication and emotion* (pp.49~96). New York: Academic Press. Panksepp, J. (1992). A critical role for "Affective neuroscience" in resolving what is basic about basic emotions. *Psychological Review*, 99, 554~560.

**85** Clark, M., Fitness, J., & Brissette, I. (2003). Understanding people's perceptions of relationships is crucial to understanding their emotional lives. In Fletcher, G., & Clark, M. (Eds.). *Blackwell handbook of social psychology: interpersonal processes* (pp.253~278). Malden: Blackwell.

**86** Clark, M., Fitness, J., & Brissette, I. (2003). Understanding people's perceptions of relationships is crucial to understanding their emotional lives. In Fletcher, G., & Clark, M. (Eds.). *Blackwell handbook of social psychology: interpersonal processes* (pp.253~278). Malden, MA: Blackwell. Fitness, J., & Duffield, J. (2003). Emotion and communication. In Vangelisti, A. (Ed.). *Handbook of family communication* (pp.473~494). New York: Routledge.

**87** Buss, D. (1999). *Evolutionary psychology: the new science of the mind*. Boston: Allyn & Bacon.

**88** 가족의 정서 분위기 형성 과정에 대한 이론적 내용은 본 장의 초점과 다소 거

리가 있으므로 생략한다.

**89** Brody, G. H. (1998). Sibling relationship quality: Its causes and consequences. *Annual Review of Psychology*, 49, 1~24. Zahn-Waxler, C., Friedman, R. J., Cole, P. M., Mizuta, I., & Hiruma, N. (1996). Japanese and U.S. preschool children's responses to conflict and distress. *Child Development*, 67, 2462~2477.

**90** Gottman, J. M., Katz, L. F., & Hooven, C. (1996). Parental meta-emotion philosophy and the emotional life of families: theoretical models and preliminary data. *Journal of Family Psychology*, 10, 243~268.

**91** Fitness, J., & Duffield, J. (2003). Emotion and communication. In Vangelisti, A. (Ed.). *Handbook of family communication* (pp.473~494). New York: Routledge. Gottman, J. M., Katz, L. F., & Hooven, C. (1996). Parental meta-emotion philosophy and the emotional life of families: Theoretical models and preliminary data. *Journal of Family Psychology*, 10, 243~268. Lunkenheimer, E., Shields, A., & Cortina, K. (2007). Parental emotion coaching and dismissing in family interaction. *Review of Social Development*, 16(2), 232~248.

**92** Gottman, J. M., Katz, L. F., & Hooven, C. (1996). Parental meta-emotion philosophy and the emotional life of families: theoretical models and preliminary data. *Journal of Family Psychology*, 10, 243~268.

**93** Aron, A., Norman, C., Aron, E., McKenna, C., & Heyman R. (2000). Couples' shared participation in novel and arousing activities and experienced relationship quality. *Journal of Personality and Social Psychology*, 78, 273~284.

**94** Peck, S. (1978). *The road less traveled: a new psychology of love, traditional values, and spiritual growth.* New York: Touchstone.

**95** 김지연, 오경자(2011), '부모의 과보호가 성인 자녀의 우울에 미치는 영향: 성

별에 따른 자아탄력성의 매개효과', 한국심리학회지: 임상, 30(3), 647~661.

**96** 박아청(1998), '과보호의 발달심리학적 의미에 대한 일고찰', 인간발달연구, 5(1), 53~72. 정은영, 장성숙(2008), '청소년이 지각한 어머니의 과보호 척도 개발: 탐색적 요인분석과 확인적 요인분석 결과', 한국심리학회지: 상담 및 심리치료, 20(2), 293~312.

**97** 정은영, 장성숙(2008), '청소년이 지각한 어머니의 과보호 척도 개발: 탐색적 요인분석과 확인적 요인분석 결과', 한국심리학회지: 상담 및 심리치료, 20(2), 293~312. Segrin, C., Woszidlo, A., Givertz, M., & Montgomery, N. (2013). Parent and child traits associated with overparenting. *Journal of Social and Clinical Psychology*, 32(6), 569~595.

**98** 김혜영(2000), '초기 청소년이 지각한 부모 양육 행동이 심리사회적 부적응에 미치는 영향 연구', 이화여자대학교 대학원 박사학위논문. 송경섭(2006), '중학생이 지각한 부모의 양육태도와 정신건강과의 관계', 공주대학교 석사학위 논문. 정영숙, 전숙영(2012). '어머니의 과보호와 청소년의 불안', 인간발달연구, 19(4), 61~79.

**99** 김혜영(2000), '초기 청소년이 지각한 부모 양육 행동이 심리사회적 부적응에 미치는 영향 연구', 이화여자대학교 대학원 박사학위논문. 문유선, 김도훈(2001), '청소년에서 자녀가 지각한 부모 양육태도와 문제 행동의 연관성: 서울시내 남자 고등학생을 대상으로', 소아청소년정신의학, 12(2), 237~244. 정은영, 장성숙(2008), '청소년이 지각한 어머니의 과보호 척도 개발: 탐색적 요인분석과 확인적 요인분석 결과', 한국심리학회지: 상담 및 심리치료, 20(2), 293~312.

**100** Meno, C. (2013). *"Helicopter parents" stir up anxiety*, depression. Indiana University.

**101** American Psychological Association (2015). Resilience guide for parents and teacher. (www.apa.org/helpcenter/resilience.aspx)

**102** Cummings, M., & Merriless, C. (2010). Identifying the dynamic processes underlying links between marital conflict and child adjustment. In Schulz, M., Pruett, M., Kerig, P., Parke, R. (pp.27~40)

*Identifying the dynamic processes underlying links between martial conflict and child adjustment*. Washington, D.C.: American Psychological Association.

**103** Johnson, S., 『정서중심적 부부치료The practice of emotionally focused couple therapy』(박성덕 옮김, 학지사, 2006). Johnson, S. (2013). *Love sense: the revolutionary new science of romantic relationships*. New York: Little Brown and Company.

**104** Johnson, S., (2006). 『정서중심적 부부치료The practice of emotionally focused couple therapy』(박성덕 옮김, 학지사, 2006). Johnson, S., 『날 꼬옥 안아줘요』 (박성덕 옮김, 이너북스, 2010). Baumeister, R. F. & Leary, M. R. (1995). The need to belong: Desire for interpersonal attachments as fundamental human motivation. *Psychological Bulletin*, 117, 497~529. The Commission on Children at Risk. (2003). Hardwired to connect: the new scientific case for authoritative communities. New York: Broadway Publications. Johnson, S. (2013). *Love sense: the revolutionary new science of romantic relationships*. New York: Little Brown and Company.

**105** Johnson, S., 『정서중심적 부부치료』(박성덕 옮김, 학지사, 2006). Mikulincer, M. (1965). Attachment style and the mental representation of self. *Journal of Personality and Social Psychology*, 69, 1203~1215. Mikulincer, M., Florian, V., & Wesler, A. (1993). Attachment styles, coping strategies, and post traumatic psychological distress. *Journal of Personality and Social Psychology*, 64, 817~826.

**106** Johnson, S., 『정서중심적 부부치료』(박성덕 옮김, 학지사, 2006). Mikulincer, M. (1995). Attachment style and the mental representation of self. *Journal of Personality and Social Psychology*, 69, 1203~1215.

**107** Coan, J. A., Schaefer, H. S., & Davidson, R. J. (2006). Lending a hand: social regulation of the neural response to threat. *Psychological Science*, 17, 1032~1039.

**108**  Grewen, K. M., Anderson, B. J., Girdler, S. S., & Light, K. C. (2003). Warm partner contact is related to lower cardiovascular reactivity. *Behavioral Medicine*, 29, 123~130.

**109**  Johnson, S., 『날 꼬옥 안아줘요』(박성덕 옮김, 이너북스, 2010). Johnson, S., 『정서중심적 부부치료』(박성덕 옮김, 학지사, 2006). Johnson, S. (2013). *Love sense: the revolutionary new science of romantic relationships*. New York: Little Brown and Company.

**110**  게리 토마스, 『부부학교Sacred influence』(윤종석 옮김, CUP, 2011).

**111**  Johnson, S., 『날 꼬옥 안아줘요』(박성덕 옮김, 이너북스, 2010). Johnson, S., 『정서중심적 부부치료』(박성덕 옮김, 학지사, 2006). Johnson, S. (2013). *Love sense: the revolutionary new science of romantic relationships*. New York: Little Brown and Company.

**112**  Johnson, S., 『날 꼬옥 안아줘요』(박성덕 옮김, 이너북스, 2010). Johnson, S., 『정서중심적 부부치료』(박성덕 옮김, 학지사, 2006).

**113**  Johnson, S., 『날 꼬옥 안아줘요』(박성덕 옮김, 이너북스, 2010). Johnson, S., 『정서중심적 부부치료』(박성덕 옮김, 학지사, 2006).

**114**  Hooley, J., & Teasdale, J. (1989). Predictors of relapse in unipolar depressives: expressed emotion, marital distress, and perceived criticism. *Journal of Abnormal Psychology*, 98, 229~235. Hooley, J., Gruber, S., Scott, L., Hiller, J., Yurgelun-Todd, D., (2005). Activation in dorsolateral prefrontal cortex in response to maternal criticism and praise in recovered depressed and healthy control participants. *Biological Psychiatry*, 57, 809~812.

**115**  Johnson, S., 『날 꼬옥 안아줘요』(박성덕 옮김, 이너북스, 2010). Johnson, S., 『정서중심적 부부치료』(박성덕 옮김, 학지사, 2006).

**116**  Johnson, S., 『날 꼬옥 안아줘요』(박성덕 옮김, 이너북스, 2010). Johnson, S., 『정서중심적 부부치료』(박성덕 옮김, 학지사, 2006).

**117**  Klinmartin, C. 『우리안의 남성: 남성에 대한 오해와 진실』(김지현, 김현순, 조중

신, 최희철 옮김, 학지사, 2009). Lynch, J., & Kilmartin, C. (1999). *Pain behind the mask*. New York: Routledge.

**118** Johnson, S., 『날 꼬옥 안아줘요』(박성덕 옮김, 이너북스, 2010).

**119** Johnson, S. (2006). 『정서중심적 부부치료』(박성덕 옮김, 학지사, 2006).

**120** Johnson, S. (2013). *Love sense: the revolutionary new science of romantic relationships*. New York: Little and Brown Company.

**121** Floyd, K., & Bowman, J. (2003). Closeness and affection in father-son relationships. Bedford, V., & Turner, B. (Eds.). *Men in relationships: a new look from a life course perspective*. New York: Springer. Floyd, K., & Morman, M. T. (2005). Fathers' and sons' reports of fathers' affectionate communication: implications of a naive theory of affection. *Journal of Social and Personal Relationships*, 22(1), 99~109.

**122** Miller, E. (2013). Why the father would matters; consequences for male mental health and the father-son relationship. *Child Abuse Review*, 22, 195~208.

**123** Doherty, W., Kouneski, E., & Erikson, M. (1998). Responsible Fathering: an overview and conceptual framework. *Journal of Marriage and Family*, 60, 277~292. 이 논문은 아버지 연구 분야에서 인용이 가장 많이 된 논문 중의 하나이며, 출판된 이후 아버지 연구, 아버지와 가족을 위한 프로그램 개발 및 실행, 정책 입안 등에 지대한 영향을 끼쳤다.

**124** Coger, R., Belsky, J., & Capaldi, D. (2009). The intergenerational transmission of parenting; closing comments for the special section. *Developmental Psychology*, 45(5), 1276~1283.

**125** Neppel, T. K., Conger, R. D., Scaramella, L. V., & Ontai, L. L. (2009). Intergenerational continuity in parenting behavior; mediating pathways and child effects. *Developmental Psychology*, 45, 1241~1256. Shaffer, A., Burt, K. B. Orbradovic, J., Herbers, J. E.,

& Masten, A. S. (2009). Intergenerational continuity in parenting quality: the mediating role of social competence. *Developmental Psychology*, 45, 1227~1240. Kerr, D. C., Capaldi, D. M., Pears, K. C., & Owen, L. D. (2009). A prospective three generational study of fathers' constructive parenting: influences from famliy of origin, adolescent adjustment, and offspring temperament. *Developmental Psychology*, 45, 1257~1276.

**126**    Cown, C., Cowan, P., Pruett, M., & Pruett, K. (2005). Encouraging strong relationships between fathers and children. *Strategies*, 8(4), 1-12.

**127**    Kim, S., & Quek, K. (2013). Transforming fatherhood: reconstructing fatherhood through faith-based father school in South Korea. *Review of Religious Research*, 55, 231~250.

**128**    Vangelist, A. L., & Crumley, L. P. (1998). Reactions to message that hurt: the influences of relational contexts. *Communication Monographs*, 65, 173~196.

**129**    Carr, K., & Wang, T. (2012). Forgiveness isn't a simple process: It's a vast undertaking: negotiating and communicating forgiveness and voluntary family relationships. *Journal of Family Communication*, 12(1), 40~56. Vangelist, A. L., & Crumley, L. P. (1998). Reactions to message that hurt: the influences of relational contexts. *Communication Monographs*, 65, 173~196.

**130**    Fincham, F. D., & Beach, S. R. (2002). Forgiveness in marriage: implications for psychological aggression and constructive communication. *Personal Relationships*, 9, 239~251.

**131**    오영희(2004), '대학생의 부모-자녀 갈등경험, 용서, 정신건강의 단계', 교육심리연구, 8(3), 59~77. Enright, R. D. (2001). *Forgiveness is a choice: A step-by-step process for resolving anger restoring hope.* Washington, DC: American Psychological Association. Enright, R.

D., & Fitzgibbons, R. P. (2000). *Helping clients forgive: An empirical guide for resolving anger and restoring hope*. Washington, DC: American Psychological Association.

**132** McCullough, M., Root, L., & Cohen, A. (2006). Writing about the benefits of an interpersonal transgression facilitates forgiveness. *Journal of Consulting and Clinical Psychology*, 74(5), 887~897.

**133** Cherlin, A. (2005). American marriage in the early twenty first century. *Future Trends*, 15(2), 33~57. 결혼에서 이런 변화가 왜 어떻게 일어났는가에 대해서는 심도 깊은 논의가 필요하지만, 이는 본서의 범위에서 벗어나기 때문에 생략한다.

**134** 은기수(2009), '한국 기혼부부의 가사노동분업', 한국인구학, 32(3), 145~171. Cherlin, A. (2005). American marriage in the early twenty first century. *Future Trends*, 15(2), 33~57.

**135** 김미령(2009), '연령대에 따른 결혼만족도 차이 및 영향요인 비교', 한국가족복지학, 26, 35~62. 김진욱(2005), '근로 기혼여성의 이중 노동부담에 관한 실증연구', 한국사회복지학, 57(3), 51~72. 손문금(2005), '맞벌이 부부의 무급노동 분담에 대한 실증적 연구: 생활시간조사 자료를 중심으로', 페미니즘연구, 5, 239~287. 유계숙(2010), '맞벌이부부의 가사분담이 부인의 일-가족 전이와 결혼생활만족도에 미치는 영향', 아시아여성연구, 49(1), 41~70. Bianchi, S. M., Robinson, J. P., & Mike, M. A. (2006). *changing rhythms of American Family Life*. New York: Russel Sage Foundation. Sandberg, F., & Hofferth, S. (2001). Changes in children's time with parents': United States, 1981-1997. *Demography*, 38(3), 423~436. Sayer, L., Biahchi, M., & Robinson, J. (2004). Are parents investing less in children? trends in mothers' and fathers' time with children. *American Journal of Sociology*, 110(1), 1~43.

**136** 송유진(2011), '한국인의 일상생활 시간변화-부모의 교육수준에 따른 자녀양육시간', 한국인구학, 34(2), 45~64.

**137** 은기수, 차승은 (2010), '한국의 일상생활에서 남녀의 수면시간과 관련 요인 탐

색', 통계연구, 15(2), 82~103.

**138** 김경희, 공주(2014), '맞벌이 기혼여성의 시간사용과 결혼생활 만족도에 관한 연구', 가족과 문화, 26(4), 139~165.

**139** 이는 비취업여성의 가정에서도 나타난다. 김미령(2011), '여성의 취업유무에 따른 결혼만족도 차이 및 영향요인 비교', 여성연구, 81(2), 69~101.

**140** 물론 경제적 수준이나 교육 수준 및 직업 등에 따라서도 부부의 결혼만족도는 차이가 나타난다.

**141** 김미령(2011), '여성의 취업유무에 따른 결혼만족도 차이 및 영향요인 비교', 여성연구, 81(2), 69~101.

**142** 김미령(2011), '여성의 취업유무에 따른 결혼만족도 차이 및 영향요인 비교', 여성연구, 81(2), 69~101. 류계숙, 강수향, 오아림, 이현주(2011), '맞벌이부부의 가사분담이 남편과 부인의 결혼만족도에 미치는 영향', 한국가족자원경영학회지, 15(1), 117~136.

**143** 김미령(2011), '여성의 취업유무에 따른 결혼만족도 차이 및 영향요인 비교', 여성연구, 81(2), 69~101.

**144** Belsky, J., Putnam, S., & Crnic, K. (1996). Coparenting, parenting, and early emotional development. In McHale, J., & Cowan, P. (Ed.). *Understanding how family-level dynamics affect children's development: studies of two-parent families* (pp.45~56). San Francisco: Jossey-Bass. Kuersten-Hogan, R. (2007). What is coparenting and why is it important? In McHale, J. *Charting the bumpy road of coparenthood* (pp.1~23). Washington, D.C: Zero to Three. McHale, J. (1995). Coparenting and triadic interactions during infancy; the role of marital distress and child gender. *Developmental Psychology*, 31, 985~996.

**145** Feinberg, M. (2003). The internal structure and ecological context of coparenting: a framework for research and intervention. *Parenting: Science and Practice*, 5, 95~131.

**146** Carson, M. J., McLanahan, S. S., & Brooks-Gunn, J. (2008). Coparenting and Nonresident fathers' involvement with young children after a nonmarital birth. *Demography*, 45(2), 461~488.

**147** Hohmann-Marriott, B. (2011). Coparenting and father involvement in married and unmarried coresident couples. *Journal of Marriage and Family*, 73(1), 296~309.

**148** Weissman, S., & Cohan, S. (1985). The parenting alliance and adolescence. *Adolescent Psychiatry*, 12, 24~45.

**149** Carson, M. J., McLanahan, S. S., & Brooks-Gunn, J. (2008). Coparenting and Nonresident fathers' involvement with young children after a nonmarital birth. *Demography*, 45(2), 461~488. Maccoby, E. E., Depner, C. E., & Mnookin, R. H. (1990). Coparenting in the second year after divorce. *Journal of Marriage and Family*, 52, 141~155.

**150** Belsky, J., Crnic, K., & Gable, S. (1995). The determinants of coparenting in families with toddler boys: spousal differences and daily hassles. *Child Development*, 66(3), 629~642. Jouriles, N., Murphy, C., Farris, A., Smith, D., Richters, J., & Waters, E. (1991), Marital adjustment, parental disagreements about child rearing, and behavior problems in boys: increasing the specificity of the marital assessment. *Child Development*, 62(6), 1424~1433.

**151** Barnes, H. L., & Olson, D. H. (1985). Parent-adolescent communication and the Circumplex model. *Child Development*, 56, 438~447.

**152** De Luccie, M. F. (1995). Mothers as gatekeeprs: a model of maternal mediators of father involvement. *Journal of Genetic Psychology*, 156(1), 115~131. Fagan, J., & Barnett, M. (2003). The relationship between maternal gatekeeping, paternal competence, mothers' attitudes about the father role and father involvement. *Journal of*

*Family Issues*, 24(8), 1020~1043.

**153**  Puhlman, D. J., & Pasley, K. (2013), Rethinking maternal gatekeeping.*Journal of Family Theory & Review*, 5, 176~193.

**154**  김미령(2011), '여성의 취업유무에 따른 결혼만족도 차이 및 영향요인 비교', 여성연구, 81(2), 69~101.

**155**  Doherty, W. (2003). *Take back your marriage*. New Yrok: Guilford,

**156**  Bronfenbrenner, U. (1986). Ecology of the family as a context for human development: research perspectives. *Developmental Psychology*, 22(6), 723~742.

**157**  Huston, T., Caughlin, J., Houts, R., Smith, S., & George, L. (2001). The connubial crucible: newlywed years as predictors of martial delight, distress, and divorce. *Journal of Personality and Social Psychology*, 80, 237~252.

**158**  Johnson, S. (2013). *Love sense: the revolutionary new science of romantic relationships*. New York: Little Brown and Company. Selcuk, E., Zayas, V., & Hazan, C. (2010). Beyond satisfaction: the role of attachment in marital functioning. *Journal of Family Theory and Review*, 2, 258~279.

**159**  Johnson, S. (2013). *Love sense; the revolutionary new science of romantic relationships*. New York: Little Brown and Company.

**160**  Greenberg, L. (2004). Emotion-focused therapy. *Clinical Psychology and Psychotherapy*, 11, 3~16.

**161**  Johnson, S., 『날 꼬옥 안아줘요』(박성덕 옮김, 이너북스, 2010). Johnson, S. (2013). *Love sense; the revolutionary new science of romantic relationships*. New York: Little Brown and Company.

**162**  Johnson, S. (2013). *Love sense; the revolutionary new science of romantic relationships*. New York: Little Brown and Company.

**163** Johnson, S., 『날 꼬옥 안아줘요』(박성덕 옮김, 이너북스, 2010).

**164** Johnson, S., & Greenberg, L. (2013). Emotion in intimate relationships; theory and implications for therapy. In Johnson, S., & Greenberg, L.(Eds.). *The heart of the matter: perspectives on emotion in marital therapy.* Ney York, NY: Routledge. Hold Me Tight Workshop(www.holdmetightfortherapists.com)

**165** Doherty, W. (2001). *Take back your marriage; sticking together in a world that pulls us apart.* New York: Guilford.

**166** 서울시 정보공개정책과(2014). 2014 통계로 본 서울남성의 삶. (e-서울통계 84호). *출처 : 통계청 「사망원인통계」, 국가통계포털(KOSIS). 통계표 내의 값은 반올림한 값이며, 본문의 배수 계산도 반올림 값으로 계산했으므로 원자료로 계산한 값과 다를 수 있음.

**167** 서울시 정보공개정책과(2014). 2014 통계로 본 서울남성의 삶. (e-서울통계 84호)에서 발췌.

**168** Connell, R. W., & Messerschmidt, J. W. (2005). Hegemonic masculinity. *Gender and Society*, 19, 829~859. Kimmel, M. S. (1996). *Manhood in America: a cultural history.* New York: Free Press. Kimmel, M. S. (2000). *Gendered society.* Oxford: Oxford University Press.

**169** Mankowski, E., & Maton, K. (2010). A community psychology of men and masculinity: historical and conceptual review. *American Journal of Community Psychology*, 45, 73~86.

**170** Mankowski, E., & Maton, K. (2010). A community psychology of men and masculinity: historical and conceptual review. *American Journal of Community Psychology*, 45, 73~86.

**171** Helgeson, V. S. (1995). Masculinity, men's roles and coronary heart diseases. In D. Sabo & D. Gordon, (Eds.). *Men's health and illness: gender, power and the body* (pp.68~104). Thousands Oaks:

Sage. Krahe, B., & Fenske, I. (2002). Predicting aggressive driving behavior: the role of macho personality, age, and power of car. *Aggressive Behavior*, 28, 21~29.

**172** Addis, M. E., & Mahalik, J. R. (2003). Men, masculinity, and the contexts of help seeking. *American Psychologists*, 58, 5~14. McCreary, D. R., Newcomb, M. D., & Sadava, S. W. (1998). The male role, alcohol use, and alcohol problems: a structural modeling examination in adult women and men. *Journal of Counseling Psychology*, 46, 2109~124. Mhalik, J. R., Aldarondo, E., Gilbert-Gokhale, S., & Shore, E. (2005). The role of insecure attachment and gender role stress in predicting controlling behaviors in men who batter. *Journal of Interpersonal Violence*, 20, 617~631. O'Neil, J. M. (2008). Summarizing 25 years of research on men's gender role conflict using the Gender Role Conflict Scale: new research paradigms and clinical implications. *The Counseling Psychologist*, 36, 358~445.

**173** 한경혜, 송지은(2001), '중년 남성의 건강에 가족 및 직업 특성이 미치는 영향', 가족과 문화, 13(1), 51~73.

**174** 신용욱, '직장 스트레스와 우울증', 서울아산병원 메디컬칼럼. (www.amc.seoul.kr/asan/healthstory/medicalcolumn/medicalColumnDetail.do?medicalColumnId=33700)

**175** American Psychological Association. (2005). 'Men: a different depression' (http://www.apa.org/research/action/men.aspx)

**176** 강상경(2010), '우울이 자살을 예측하는가? 우울과 자살태도 관계의 성별 연령 차이', 사회복지연구, 41(2), 67~100.

**177** 홍진표(2006), '신체능력 저하 불러오는 직장인의 스트레스', 서울아산병원 정신건강 의학과. (www.amc.seoul.kr/asan/healthstory/lifehealth/lifeHealthDetail.do?healthyLifeId=26661)

**178** 곽금주, 민하영, 김경은, 최지영, 전숙영(2011), '중년 직장 남성의 가족관계,

가족 외 관계 및 직무만족이 행복심리에 미치는 영향', 인간발달연구, 18(3), 115~133.

**179**  송지은, 나딘 막스, 한경혜(2007), '직업, 가족 및 일-가족 전이가 취업자의 정신 건강에 미치는 영향: 한국과 미국의 비교', 가족과 문화, 19(2), 61~92.

**180**  Gibbs, N. (2006, 6, 4). The magic of the family meal. *Times*. (content. time.com/time/magazine/article/0,9171,1200760,00.html)

**181**  Cook, E., & Dunifon, R. (n.d.). Do family meals really make a difference? Department of Policy Analysis and Management. Cornell University College of Human Ecology.

**182**  성순정, 권순자(2010), '혼자 또는 온 가족이 함께 하는 식사형태가 아동의 정신적, 신체적 건강에 관한 자각증상에 미치는 영향: 대전지역 일부 초등학생을 중심으로', 대한지역사회영양학회지, 15(2), 206~226.

**183**  유계숙, 김수화, 임정현, 최혜림, 채희화(2011), '가족여가활동, 가족식사활동 빈도와 가족친밀도가 초등학교 자녀의 사회성에 미치는 영향', 한국가족자원경영학회지, 15(3), 99~117.

**184**  배희분, 옥선화, 양경선, Chugn, G. (2013), '가족식사 빈도가 청소년의 삶의 만족도에 미치는 영향: 부모와의 의사소통의 매개효과 검증', 청소년학연구, 20(4), 125~149.

**185**  권정연, 강문희(2005), '부모-자녀 의사소통 유형 및 정서상태와 청소년 문제 행동 간의 관계 연구', 서울여자대학교학생생활연구소, 18, 20~39. 조윤미, 이숙(2007), '부모-자녀 의사소통 시간과 유형에 따른 청소년의 자기효능감', 생활과학연구, 17, 59~68

**186**  Fiese, B., & Schwartz, M. (2008). Reclaiming the family table: mealtimes and child health and wellbeing. *Social Policy Reports*, 22(4), 1~20.

**187**  Neumark-Sztainer, D., Eisenberg, M., Fulkerson, J., Story, M., & Larson, N. (2008). Family meals and disordered eating in adolecsents. *Archives Pediatric and Adolescent Medicine*, 162,

17~22. Neumark-Sztainer, D., Wall, M., Story, M., & Fulkerson, J. (2004). Are family meal patterns associated with disordered eating behavior among adolescents? *Journal of Adolescent Health*, 35, 350~359.

**188** Fiese, B., Foley, K., & Spagnola, M. (2006). Routine and ritual elements in family mealtimes: contexts for child wellbeing and family identity. *New Directions for Child and Adolescent Development*, 111, 67~90.

**189** Musick, K., & Meier, A. (2012), Assessing causality and persistence in associations between family dinners and adolescent well-being. *Journal of Marriage and Family*, 74, 476~493.

**190** Resnck, M. D., Bearman, P. S., BLum, R. W., Bauman, K. E., Harris, K. M. Jones, J., Tabor, J., Beuhring, T., Sieving, R. E., Shew, M., Ireland, M., Bearinger, L. H. & Udry, J. R. (1997). Protecting adolescent from harm: findings from the national longitudinal study on adolescent health. *Journal of the American Medical Association*, 278, 823~832.

**191** Fiese., B. (2007). *Famliy routines and rituals: promising prospects for the 21st century*. New Haven: Yale Unviersity Press. Fiese, B., Foley, K., & Spagnola, M. (2006). Routine and ritual elements in family mealtimes: contexts for child wellbeing and family identity. *New Directions for Child and Adolescent Development*, 111, 67~90.

**192** Jacob, M., & Fiese, B. (2007). Family mealtime interactions and overweight children with asthma; potential for compounded risks? *Journal of Pediatric Psychology*, 32, 64~68.

**193** Fiese, B., & Schwartz, M. (2008). Reclaiming the family table: mealtimes and child health and wellbeing. Social Policy Reports, 22(4), 1~20. Larson, R., Branscomb, K. & Wiley, A. (2006). Forms and functions of family mealtimes: multidisciplinary perspectives. In

Larson, R., Branscomb, K., & Wiley, A. (Eds.), *New directions for child and adolescent development: family meals as contexts of development and socialization*. No. 111 (pp.1~15). San Francisco: Jossey-Bass.

**194** 보건복지부, 질병관리본부(2012). 2012 국민건강통계. 국민건강영양조사 제5기 3차년도(2012)

**195** 배희분, 옥선화, 양경선, Chung, G. (2013), '가족식사 빈도가 청소년의 삶의 만족도에 미치는 영향: 부모와의 의사소통의 매개효과 검증', 청소년학연구, 20(4), 125~149.

**196** www.makemealtimefamilytime.com

**197** casafamilyday.org/familyday/about-family-day

**198** 이숙현, 권영인(2009). '기업의 가족 친화적 문화와 아버지의 자녀양육 참여', 가족과 문화, 21(2), 1~28(p.6)에서 재인용.

**199** 이숙현, 권영인(2009). '기업의 가족 친화적 문화와 아버지의 자녀양육 참여', 가족과 문화, 21(2), 1~28(p.6)에서 재인용.

**200** 김혜영, 황정미, 선보영, 김동기(2008), '남성의 부성경험과 갈등에 관한 연구', 한국여성정책연구원. Townsend, N. (2002). *Package deal; marriage, work, and fatherhood in men's lives*. Philadelphia: Temple University Press.

**201** 유계숙(2007), '가족친화 기업정책의 시행 및 이용 여부와 근로자의 직업만족도, 이직의도, 직무성과', 가족과 문화, 19(2), 35~59. 이숙현, 권영인(2009), '기업의 가족 친화적 문화와 아버지의 자녀양육 참여', 가족과 문화, 21(2), 1~28. 최지은, 이숙현(2015), '남성의 아버지 지위 중요도가 자녀 양육 참여에 미치는 영향: 생계부양자 역할 의식과 가족친화적 조직문화의 조절효과', 한국가족관계학회지, 20(1), 91~116.

**202** 이숙현, 권영인(2009), '기업의 가족 친화적 문화와 아버지의 자녀양육 참여', 가족과 문화, 21(2), 1~28.

**203** 김혜영, 황정미, 선보영, 김동기(2008), '남성의 부성경험과 갈등에 관한 연구',

한국여성정책연구원.

**204** 최지은, 이숙현(2015), '남성의 아버지 지위 중요도가 자녀 양육 참여에 미치는 영향: 생계부양자 역할 의식과 가족친화적 조직문화의 조절효과', 한국가족관계학회지, 20(1), 91~116.

**205** 김혜영, 황정미, 선보영, 김동기(2008), '남성의 부성경험과 갈등에 관한 연구', 한국여성정책연구원. Townsend, N. (2002). *Package deal; marriage, work, and fatherhood in men's lives*. Philadelphia: Temple University Press.

**206** Conger, R., Conger, K., & Marin, M. (2010). Soeicoeconomic status, family processes, and individual development. *Journal of Marriage and Family*, 72, 685~704.

**207** Conger, R., Conger, K., & Marin, M. (2010). Soeicoeconomic status, family processes, and individual development. *Journal of Marriage and Family*, 72, 685~704.

**208** 박길자. 〈여성신문(2015년 5월 30일)〉. '단지 여성이라 받는 임금 차별. 62.2%'.

**209** 낸시 피어시, 『완전한 진리』(홍병룡 옮김, 복있는 사람, 2006).

# 『좋은 아버지로 산다는 것』
# 저자와의 인터뷰

Q. 『좋은 아버지로 산다는 것』에 대해 소개해주시고, 이 책을 통해 독자들에게 전하고 싶은 메시지는 무엇인지 말씀해주세요.

A. 지금 시대는 가족을 잘 부양하고, 자녀양육에 직접 참여하며, 자녀와 친구 같은 친밀한 아버지를 좋은 아버지로 여깁니다. 저는 본서에서 구체적으로 어떤 양육이 장기적인 관점에서 자녀의 성장발달에 좋은지, 아버지의 양육이 좋은 결실로 이어지기 위해 부부와 가족 및 사회에서는 어떤 노력이 필요한지를 소개했습니다. 이를 통해 2가지 메시지를 전달하려 했습니다. 첫 번째는 아버지와 아버지 양육이 생각하는 것 이상으로 자녀의 삶에 지대

한 영향을 미치고 자녀의 운명을 바꿔놓을 수 있다는 것을 전달하려 했습니다. 두 번째는 자녀를 잘 키운다는 것은 부모가 화목하고 가족이 아버지를 응원하고 사회에서 아버지들이 가정에 좀더 헌신할 수 있도록 지원하는 공동의 노력이 있을 때 가능하다는 것을 전달하고 싶었습니다.

Q. 좋은 아버지의 모범적 사례가 있다면 어떤 것이 있는지 말씀해주세요.

A. 40대 초반의 한 아버지를 소개하려 합니다. 이 분은 대학 입학 후 성 중독에 빠지게 되었고, 30대 중반까지 성에 중독된 상태로 살았습니다. 이 분을 제가 모범사례로 꼽는 이유는 자신이 중독에 빠져 있다는 것을 인식한 그 순간부터 자신이 아내와 자녀들에게 주었던 아픔을 인식하고, 아내와 함께 중독의 문제를 해결하기 위해 피눈물 나는 노력을 했기 때문입니다. 이러한 노력 끝에 직장생활에 좀더 성실하게 임하게 되었고, 지금까지 못해왔던 남편과 아버지 역할을 위해 노력했습니다. 무엇보다도 자신이 언제라도 다시 중독 상태로 돌아갈 수 있다는 사실을 인식하고, 아내에게 도움을 청하면서 함께 싸워갔습니다. 이 분은 가족과 자녀를 위해 자신을 변화시키는 것을 마다하지 않았고, 다른 성 중독자들이 중독에서 벗어나 좋은 아버지, 좋은 남편으로 살아갈 수 있도록 자원봉사를 열심히 하고 있습니다.

Q. 좋은 아버지로 살아가는 것에 대한 명확한 기준이 없기 때문에 대부분의 아버지들이 혼란스러워 합니다. 이 부분에 대해 한 말씀 부탁드립니다.

A. 지금은 친구 같은 아버지가 좋은 아버지로 여겨지지만, 아직은 아버지들이 일상에서 구체적으로 어떻게 양육을 해야 하는지에 대해 모호함을 느끼는 것을 자주 접합니다. 아버지들은 가족을 부양해야 하는 힘든 현실 속에서 최대한 자녀와 함께하고, 자녀를 양육합니다. 하지만 아이와 어떻게 해야 가까워질 수 있는지, 소통할 수 있는지, 훈육해야 하는지, 자신감 있는 성인으로 자라게 할 수 있는지 등에 대해서는 명확한 기준이 없습니다. 이러한 모호함으로 인해 아버지의 양육과 아버지 역할이 방향성과 구체적인 내용 없이 이루어지고 있다고 생각합니다.

Q. 좋은 아버지로 살아가는 데 많은 걸림돌이 있습니다. 어떻게 헤쳐 나가야 할까요?

A. 좋은 아버지로 살아가는 과정에서 남성들은 다양한 걸림돌을 만나게 됩니다. 직장의 힘든 여건, 경제적인 어려움, 부부와 가족의 문제 등은 아버지가 자녀양육에 좀더 많은 시간을 할애하고 집중하는 것을 가로막기도 합니다. 저는 본서에서 남성들의 부부관계와 자라온 가족의 부정적인 영향이 어떻게 아버지들의 양육 참여를 떨어트리고 자녀에게 해로울 수 있는지에 대해 풀어나갔습니다. 자녀라는 생명체가 가족이라는 토양과 환경 속에서 자

란다는 것을 생각해보면, 토양과 환경을 가꿔나가는 것이 그 무엇보다도 중요합니다. 저는 본서에서 독자들이 부부 간의 갈등을 줄이면서 관계를 친밀하고 안정적으로 만들고, 자라온 가족의 부정적인 영향들이 자신의 아버지 양육을 방해하지 않도록 하는 길을 제시했습니다.

Q. 아이의 문제는 결국 부모의 문제로 귀결됩니다. 부부갈등을 줄이는 방법에는 어떤 것이 있나요?

A. 저는 본서에서 부부갈등의 근본적인 원인이 무엇인가에 초점을 두고 부부갈등을 해결할 것을 제안합니다. 저는 이를 부부 간 애착의 문제로 보는데, 부부갈등은 이 세상에서 가장 소중한 사람에게 소중하다는 느낌을 받지 못하고, 서로가 필요할 때 위로와 안식이 되어주지 못하는 데서 기인합니다. 인격이나 성격의 결함이나 차이 혹은 집안 문제들의 이면에는 이러한 욕구가 충족되지 못하는 것이 있습니다. 그리고 이런 욕구가 충족되지 못해 부부가 정서적으로 단절되기 시작하면 상대방을 적으로 보면서 서로를 부정적으로 대하는 패턴에 갇히게 됩니다. 저는 부부 간에 형성된 '부정적 고리'가 서로에게 어떤 영향을 주는지, 그리고 어떻게 이를 약화시킬 것인지에 대해 이야기했습니다.

Q. 요즘 자녀교육에서 아버지의 역할이 상당히 중요하다는 사회적 분위기가 조성되고 있습니다. 이에 대한 자세한 설명 부탁드립니다.

A. 지금은 아버지 양육의 중요성이 사회 전반적으로 인식되어 있습니다. 하지만 구체적으로 들여다보면 결국은 자녀의 진로와 학습으로 아이양육의 초점이 바뀌면서 아버지들의 영향은 점점 미미해집니다. 자녀의 진로를 위해서는 부모의 노력이 핵심적이지만, 이와 함께 아이들이 험난한 세상을 건강하게 살아가기 위한 부모들의 양육 또한 절실히 요구됩니다. 그러므로 자녀가 어렸을 때부터 아버지들이 자녀와의 관계를 가꿔나가고, 자녀의 건강한 사회성과 정서 발달을 위한 아버지 양육을 하는 것이 필요하다고 생각합니다.

Q. 이 시대의 가장들에게 좋은 아버지로 살아간다는 것은 어떤 의미인가요?

A. 저는 가족과 자녀를 위해 희생과 헌신을 마다하지 않는 것이 좋은 아버지로 살아가는 것이라고 생각합니다. 물론 희생은 경제적인 부양을 위한 것보다는 큰 의미이지요. 좋은 아버지로 살아가는 것의 핵심은 결국 자신의 삶을 가족에게 집중하고 가족관계를 가꿔나가는 것이 그 무엇보다 가치 있다는 것을 받아들이는 것입니다. 너무나 바쁜 일상을 살아가는 부모들이 저지를 수 있는 가장 치명적인 실수는 아이와 함께하지 못하기 때문에 돈으로 아이를 키우려는 것입니다. 가족 부양을 위해 희생하고 있

지만, 시간이 없다는 이유로 돈으로 아이를 키우는 것은 아이와 가족을 모두 파괴시킬 수 있습니다.

Q. 과거의 아버지와 현재의 아버지는 그 의미와 역할이 다른가요? 다르다면 어떤 면이 다른지 설명 부탁드립니다.

A. 개인마다 차이는 있지만 사회적으로 과거에는 돈을 잘 벌어오는 아버지가 좋은 아버지로 여겨졌습니다. 특히 유교문화의 영향을 지대하게 받는 우리 사회에서 아버지는 권위의 상징이었고, 가족들은 아버지에게 복종하는 것이 바람직하다고 여겼습니다. 이러한 문화에서 아버지는 자녀의 삶에 정서적 · 물리적으로 부재했고, 이는 큰 문제가 되지 않았습니다. 하지만 지금의 아버지 역할은 경제적 부양과 함께 자녀와의 정서적 친밀감이 포함되는 개념이 되었습니다. 물론 문화적으로 바람직하다고 여겨지는 아버지상과 실제 아버지들의 양육에는 차이가 있지만, 이제 아버지 역할은 돌봄과 부양으로 정의되고 있습니다.

Q. 행복한 가정은 결국 아버지들에게도 엄청난 에너지가 될 텐데요, 이에 대해 한 말씀 부탁드립니다.

A. 수많은 연구결과들에서 나타난 것처럼, 좋은 아버지로 살아간다는 것은 아버지에게 매우 유익합니다. 자녀가 어렸을 때 친밀한 관계를 형성하고 양육에 참여했던 남성들은 그렇지 않았던 남성

들보다 중년기에 더 행복한 삶을 살아갑니다. 그리고 아내와 자녀와의 관계가 좋은 남성일수록 아버지로서의 자신의 모습에 만족합니다. 이렇게 자녀를 돌보고 양육한다는 것은 자녀들뿐 아니라 아버지 자신들에게도 행복과 기쁨이 되는 것이지요. 또한 양육에 참여하고 가족관계를 가꿔가기 위해 노력했던 남성들은 노년기에 더 행복한 삶을 산다고 합니다. 가족을 잘 가꿔나가는 것은 남성들에게 엄청난 에너지와 삶의 의미를 주는 마법입니다.

스마트폰에서 이 QR코드를 읽으시면
저자 인터뷰 동영상을 보실 수 있습니다.

* 소울메이트 홈페이지(www.1n1books.com)에서 상단의 '미디어북스'를 클릭하시면 이 책에 대한 더욱 심층적인 내용을 담은 '저자 동영상'과 '원앤원스터디'를 무료로 보실 수 있습니다.
* 이 인터뷰 동영상 대본 내용을 다운로드하고 싶으시다면 소울메이트 홈페이지에 회원으로 가입하시면 됩니다. 홈페이지 상단의 '자료실-저자 동영상 대본'을 클릭하셔서 다운로드하시면 됩니다.

소크라테스의 진면목이 압축된 불멸의 고전!

## 소크라테스의 변론

플라톤 지음 | 김세나 옮김 | 값 13,000원

이 책은 소크라테스의 법정 변론을 그의 제자 플라톤이 정리한 불후의 명저로, 소크라테스가 처형된 후 몇 년에 걸쳐 집필된 것으로 알려져 있다. 인간으로서 훌륭한 덕을 취하고자 노력하고, 끊임없이 반성하며 살아가는 것이 소크라테스 철학의 요체였기에, 그의 변론과 증언은 진정한 삶과 지혜란 무엇인지 일깨워준다. 부와 명예에 눈이 멀어 내면의 가치와 진실이 외면당하는 요즘, 소크라테스의 외침은 깊은 깨달음을 줄 것이다.

가족 문제의 해결을 위한 아들러의 메시지

## 위대한 심리학자 아들러의 가족이란 무엇인가

알프레드 아들러 지음 | 정영훈 엮음 | 신진철 옮김 | 값 15,000원

개인심리학의 창시자이자 프로이트, 융과 함께 세계 3대 거장으로 손꼽히는 알프레드 아들러는 삶의 문제가 언제나 생애 초기의 가족 경험에서 시작된다고 주장한다. 아울러 삶의 의미가 어떻게 형성되고 서로 어떻게 다른지 이해하는 것이 중요하다고 재차 강조한다. 이 책은 가정 내 역할, 올바른 양육 방식, 그리고 가족문제가 발생하게 된 최초의 오류를 찾는 데 도움이 될 것이다.

하나만 다르게 행동해도 인생이 달라진다!

## 해결중심치료로 상처 치유하기

빌 오한론 지음 | 김보미 옮김 | 값 15,000원

미국 심리학계의 거장 빌 오한론은 '해결중심치료법'이라는 새로운 치료법을 만들어 미국 내에서 상당한 성과를 보이며 큰 인기를 얻었다. 이 책은 그러한 빌 오한론의 해결중심치료법을 다룬 책이다. 이 책에서 제시한 해결중심치료법을 마음에 새겨 행동으로 옮겨보자. 당신의 머리를 아프게 했던 다양한 문제들의 해결책이 그리 어렵지 않음을 알게 될 것이다.

남과 나를 비교하지 않는 용기가 필요하다!

## 왜 나는 계속 남과 비교하는 걸까

폴 호크 지음 | 박경애 · 김희수 옮김 | 값 15,000원

많은 사람들이 다른 사람과 자신을 비교하면서 별것도 아닌 일로 스스로를 '형편없는 인간'이라고 단정짓는다. 세계적인 임상심리학자인 폴 호크는 열등감은 남과 자신을 비교하는 것에서 비롯된다고 강조한다. 이 책은 자기수용을 하지 않고 주변 사람들의 평가에만 귀 기울이는 것이 신체적 · 육체적으로 어떤 부정적인 결과를 낳는지 설명하고, 열등감을 극복하기 위한 구체적인 방법을 인지정서행동치료에 기초해 제시한다.

중독 가정 아이들을 위한 단 한 권의 책!

## 중독 가정 아이들이 회복에 이르는 길

제리 모 지음 | 김만희 · 정민철 · 구도연 옮김 | 값 15,000원

이 책은 저자가 그동안 어린이 프로그램을 운영하고 개발하면서 느낀 것들과 함께 아이들을 치유하는 데 도움을 줄 수 있는 노하우, 아이들이 알아야 할 중요한 원칙과 교훈, 회복과 치유에 성공적인 방법과 피해야 할 위험요소, 실제로 적용해볼 수 있는 프로그램 활동 등을 잘 정리해놓은 개요서다. 프로그램에 참여한 가족과 아이들의 실제 사례가 담겨 있어 그 내용이 매우 생생하게 전달된다.

관계 회복의 첫걸음은 바로 당신 안의 용기다!

## 관계를 회복하는 용기

박대령 지음 | 값 15,000원

현대 사회에서 관계를 맺는 일에 상처를 받았거나 괴로워했던 사람들이 자신을 사랑하고 타인과 원활한 관계를 맺을 수 있는 심리학적 실천 방법을 다룬다. 먼저 나 자신을 사랑하고 스스로 관계를 맺는 방법부터 타인과 소통하는 방법, 더 나아가 세상을 보는 눈을 기르는 방법까지 소개한다. 대인관계 문제로 고민한 적이 있다면 이 책에서 자신의 문제를 발견하고 제시된 해결법을 통해 인생의 새로운 차원을 열 수 있을 것이다.

인간에 대한 위대한 통찰

## 몽테뉴의 수상록

몽테뉴 지음 | 안해린 편역 | 값 13,000원

가볍지도 과하지도 않은 무게감으로 몽테뉴는 세상사의 다양한 주제들에 대해 본인의 견해를 자신 있고 담담하게 풀어낸다. 이 책을 읽으며 나의 판단이 바른지, 내가 지금 제대로 살고 있는지, 앞으로 어떻게 살아야 하는지 등을 수없이 자문해보자. 원초적인 동시에 삶의 골자가 되는 사유를 함으로써 의식을 환기하고 스스로를 성찰하며 인생의 전반에 대해 배우는 계기가 될 것이다.

사진가 김완모의 아주 특별한 인물사진 수업!

## 인물사진 잘 찍는 법

김완모 지음 | 값 17,000원

가장 흔한 피사체이면서도 가장 까다롭고 섬세한 인물을 프레임에 완벽히 담아내기란 쉽지 않다. 이 책은 저자의 현장 경험과 대학이나 센터 등에서 학생들을 가르치며 조언해온 좋은 인물사진을 찍기 위해 행동하고 고려해야 할 모든 것을 담았기 때문에, 사랑하는 가족이나 연인, 친구를 찍으며 누구나 한 번쯤 해보았을 고민인 '어떻게 하면 더 아름답고 멋지게 찍을 수 있을까?'에 대한 해답이 되어줄 것이다.

섭식장애로 고통받는 사람들에게 용기를 주는 책

## 섭식장애로부터 회복에 이르는 길

캐롤린 코스틴, 그웬 그랩 지음 | 오지영 옮김 | 값 16,000원

섭식장애 전문가인 캐롤린과 그웬이 섭식장애로 힘들어하는 사람들에게는 용기를, 전문가들에게는 필요한 정보를 명쾌하게 알려주는 책을 출간했다. 섭식장애에서 진정으로 회복하기 위해 전문치료사인 저자들은 실제로 겪은 경험이나 다른 사람에게 도움을 준 과정들을 투명하고 독특한 관점으로 제공한다. 회복에 거부감이 들거나 치료를 두려워하는 사람들이 희망을 품을 수 있는 좋은 기회가 될 것이다.

내 삶의 주인으로 사는 법

## 에픽테토스의 인생을 바라보는 지혜

에픽테토스 지음 | 키와 블란츠 옮김 | 값 13,000원

이 책은 에픽테토스의 『엥케이리디온Encheiridion』을 영국의 고전문학가 조지 통이 영어로 번역한 것을 토대로 했다. '엥케이리디온'은 핸드북 또는 매뉴얼이라는 뜻으로, 당면한 현실에서 무엇을 얻고 무엇을 버릴 것인지 선택할 권한을 가진 자가 바로 삶의 주인임을 강조한다. 에픽테토스의 지혜가 담긴 이 책은 이 시대를 살아가는 현대인들에게 삶의 태도와 방향을 정하는 길잡이가 되어줄 것이다.

서울대 최종학 교수와 함께 떠나는 문화기행

## 마흔, 감성의 눈을 떠라

최종학 지음 | 값 17,000원

이 책은 문화와 예술을 즐기고 싶어하는 사람들을 위한 지침서다. 저자는 이 책에서 음악·미술·영화·여행 등 다양한 분야에 걸쳐 여러 이야기를 풀어놓는다. 실제 해당 작품을 감상하거나 여행을 한 후 며칠 이내에 적은 것들이라 생생한 현장감이 가득하다. 이 책을 통해 바쁜 일상에서 벗어나 저자와 함께 문화여행을 떠나는 느낌을 받을 수 있을 것이다.

우리가 미처 몰랐던 서애 류성룡의 진면목

## 류성룡의 말

류성룡 지음 | 강현규 엮음 | 박승원 옮김 | 값 15,000원

서애 류성룡이 직접 했던 말을 살펴봄으로써 그는 과연 누구인지 들여다보고자 한다. 그리고 왜 지금 한국사회에 류성룡과 같은 리더가 필요한지에 대한 답을 얻고자 한다. 국난을 맞아 애국과 위민의 가치를 잃지 않고 불철주야 나라를 위해 온몸을 바쳤던 류성룡의 활약상과 인간적 면모가 어떠했는지 살펴보며, 현대인들에게 귀감이 될 만한 역사 속 영웅 류성룡의 말과 행동을 통해 앞으로 나아갈 길을 모색할 수 있을 것이다.

누구나 쉽게 이해하는 서양고전 독법

## 살아가면서 꼭 읽어야 할 서양고전

윤은주 지음 | 값 15,000원

이 책은 현대인들이 지혜롭고 현명하게 이 시대를 살아가기 위해 도움을 준다. 플라톤의 『향연』, 토마스 홉스의 『리바이어던』, 안토니오 그람시의 『옥중수고』 등 15편의 서양고전을 통해 사랑과 행복, 도덕론, 정치, 대중, 교육 등 우리 사회를 관통하는 굵직한 맥락들을 한눈에 알아볼 수 있다. 개념이나 하나의 문장마다 학문적으로 분석하며 읽기보다는 그저 옛날이야기를 듣듯이 읽어보자.

디자인을 넘어서는 사진 구성을 생각한다

## 원하는 사진을 어떻게 찍는가

김성민 지음 | 값 17,000원

우리의 일상생활 속에서 사진 구성 방법론을 쉽고 재미있게 이해하는 데 도움을 주는 책이다. 사진 메시지를 명확하게 표현하기 위해서는 프레임 안에 있는 요소들을 적절하게 관계 짓는 사진 구성 방법을 터득해야 한다. 탄탄한 이론과 사진가로서, 전시기획자로서의 현장 경험을 체득한 저자는 폭넓은 사진 구성 지식을 한 권의 책으로 오롯이 담아냈다.

열등감과 우월감에 대한 아들러의 메시지

## 위대한 심리학자 아들러의 열등감, 어떻게 할 것인가

알프레드 아들러 지음 | 신진철 편역 | 값 13,000원

지그문트 프로이트, 칼 융과 함께 세계 3대 심리학자로 손꼽히는 알프레드 아들러는 이 책에서 현대인에게 열등감과 우월감에 대한 메시지를 전한다. 열등감은 도대체 어디에서 비롯되는 것일까? 그리고 열등감이란 감정이 과연 나쁘기만 한 것일까? 또한 열등감과 우월감의 차이는 무엇인가? 이 책에 그 해답이 담겨 있다. 아들러는 중요한 것은 열등감 그 자체의 문제가 아니라 열등감을 대하는 태도라고 말한다.

행복을 부르는 감정조절법

## 왜 나는 감정 때문에 힘든 걸까

김연희 지음 | 값 14,000원

감정이란 무엇이고, 어떻게 해서 생겨나며, 감정을 효과적으로 잘 처리하는 방법은 무엇인지 뇌과학 · 진화심리학 · 정신건강의학 · 정신분석학적 지식에 바탕을 두고 소개하는 책이다. 이 책은 크게 3단계에 걸쳐 감정을 이해하고, 분석하고, 대처 방법을 살펴본다. 각 단계별로 읽으며 감정을 알아가다 보면 복잡해 보이기만 하던 주변 문제와 상황을 해결할 수 있는 실마리를 찾을 수 있을 것이다.

★ 소울메이트는 독자의 꿈을 사랑합니다.

인물 드로잉, 손쉽게 따라 그릴 수 있다

## 누구나 쉽게 따라 하는 인물 스케치 작품집

김용일 지음 | 25,000원

출간 즉시 중국에 판권을 수출하는 등 독자들의 사랑을 받아온 『누구나 쉽게 따라 하는 인물 스케치』의 작품집이 출간되었다. 책 크기가 작아 따라 그리기 쉽지 않았을 독자들을 위해 책 판형을 크게 키우고 과정작을 한눈에 볼 수 있도록 배치했다. 인물화 작품 크기가 커진 덕분에 묘사의 정도, 질감의 표현, 공간감 등 따라 그리기 편하다.

제대로 공감하면 모든 것이 달라진다!

## 모두가 행복해지는 공감 연습

김환 지음 | 값 14,000원

이 책은 공감을 누구나 연습할 수 있는 하나의 기술로 이해하고 실제 삶에서 공감을 구현하기 위한 구체적인 기술을 연습할 수 있도록, 정통과 심리상담 전문가이자 공감 대화 전문가인 김환 교수가 쉽고 간명한 문체로 풀어나간 책이다. 인간은 누구나 타인에게 공감할 수 있는 기본 능력을 갖추고 있으므로 용어를 암기하며 새롭게 배울 필요는 없다. 그저 연습하면 된다. 이 책을 통해 공감을 몸에 뺄 때까지 충분히 연습해보자.

화에 대한 인류 최초의 고전

## 세네카의 화 다스리기

루키우스 안나이우스 세네카 지음 | 정윤희 편역 | 값 13,000원

이 책은 후기 스토아철학을 대표하는 고대 로마의 철학자 루키우스 안나이우스 세네카가 화를 잘 내는 자신의 동생 노바투스에게 전하는 서간문 형태의 책 『화다스리기 De Ira』를 편역한 것이다. 화가 왜 불필요한지, 화라는 감정의 실체는 무엇인지, 화의 지배에서 벗어나 화를 통제하고 다스리는 법은 무엇인지를 다양한 예화를 통해 이해할 수 있다. 화라는 감정에 휘둘리며 살아가는 현대인들에게 현명한 치유법을 제시한다.

풍경 스케치, 이보다 더 쉬울 수 없다

## 누구나 쉽게 따라 하는 풍경 스케치

김규리 지음 | 값 25,000원

이 책은 그리는 단계를 최대한 세부적으로 설명함으로써 완성된 결과물로 자연스럽게 이어지도록 했다. 또한 풍경 스케치의 기초 지식을 설명하는 데 많은 부분을 할애했다. 연필을 잡는 법에서부터 선을 쓰는 법, 여러 가지 풍경 개체를 그리는 법, 구도를 잡는 법까지 다루어 기본기를 충실히 익힐 수 있도록 했다. 거의 모든 소재를 다룸으로써 어떤 풍경을 마주하더라도 당황하지 않고 자신 있게 그릴 수 있을 것이다.

우리가 미처 몰랐던 영조대왕의 진면목

## 영조의 말

영조 지음 | 강현규 엮음 | 박승원 옮김 | 값 13,000원

조선시대 중흥기를 이끈 제21대 왕 영조, 이 책은 영조가 직접 했던 '말'을 살펴보며, 과연 영조는 어떤 왕이었는지, 나아가 영조의 인간적 면모는 어떠했는지를 객관적으로 알아보고자 한다. 여러 사료를 참고해서 백성과 관리, 가족, 자기관리, 정책 등에 대해 영조가 남긴 말들을 한 권의 책으로 엮었다. 리더라면 누구나 알고 있는 애민(愛民)과 위민(爲民)의 기본 정신을 절절히 일깨우는 생생한 어록이다.

술로 고통받는 사람들과 가족들을 위한 70가지 이야기

## 왜 우리는 술에 빠지는 걸까

하종은 지음 | 값 16,000원

알코올중독에 대한 이해부터 치료 방법, 극복 방법, 극복 과정에 이르기까지 알코올중독에 관한 모든 것을 한눈에 볼 수 있도록 정리한 지침서다. 알코올중독이란 과연 무엇인지, 알코올중독에서 회복하려면 어떤 과정을 거쳐야 하는지, 알코올중독과 다른 정신과적 질병과의 관계는 어떠한지, 알코올중독도 유전이 되는지 등 전문가에게 의뢰하지 않고는 쉬사리 알기 어려웠던 알코올중독의 원인부터 대안까지 상세히 다룬다.

영화 속 인물을 통해 정신병리를 배운다

## 영화 속 심리학

박소진 지음 | 값 16,000원

이 책은 정신병리에 대해 관심을 가지고 있거나, 심리 관련 분야를 전공하고자 하는 사람을 위한 안내서다. 정신병리라는 명칭이 내포하듯, 일상적인 인간의 심리를 다루기보다는 병적이거나 이해하기 어렵고 부적응적 · 역기능적인 심리나 장애를 다루기 때문에 일반인들이 이해하는 데 어려움이 있다. 이에 영화 속 인물들의 정신병리를 중심으로 설명했기에 해당 병리에 대한 기초적인 그림을 그리는 데 많은 도움이 될 것이다.

스마트폰에서 이 QR코드를 읽으면
**'소울메이트 도서목록'과 바로 연결됩니다.**

# 독자 여러분의
## 소중한 원고를 기다립니다

소울메이트는 독자 여러분의 소중한 원고를 기다리고 있습니다. 집필을 끝 냈거나 혹은 집필중인 원고가 있으신 분은 khg0109@hanmail.net으로 원고의 간 단한 기획의도와 개요, 연락처 등과 함께 보내주시면 최대한 빨리 검토한 후에 연락드리겠습니다. 머뭇거리지 마시고 언제라도 소울메이트의 문을 두드리시면 반갑게 맞이하겠습니다.